中野剛志

官僚の反逆

GS 幻冬舎新書 289

中野剛志

官僚の反逆

GS
幻冬舎新書
289

官僚の反逆／目次

序章 反逆の宣言

ある恐るべき事実

二〇一一年秋、国内が環太平洋経済連携協定（ＴＰＰ）への交渉参加の是非を巡って国論が二分する中、次のような報道が流れた。この報道は、極めて重大な政治的意味をもつはずのものだったが、世の中ではほとんど話題にはならなかった。いや、問題視されなかったことこそが、重大なのである。この事件が、筆者をして本書を書かしめる動機となったと言っても過言ではない。

米通商代表部（ＵＳＴＲ）のカトラー代表補は二日、環太平洋連携協定（ＴＰＰ）への日本の参加問題で、日本政府ＯＢからの働き掛けがあったことを明かした。
野田佳彦首相が、ＴＰＰ交渉参加に向けて関係国と協議に入る方針を表明した十一月十一日までの国内協議の最中、数人の元日本政府関係者が訪ねてきて同代表補に「少しガイアツをかけて、TPP参加が日本にとってよいことであると伝えてもらえないか」と、TPP参加を日本に促す働き掛けを求めたという。代表補は、関係者の具体名は明らかにしなかった。

同代表補は要請について「日本経済の将来にかかわるような大きな決定に、通商相手国がどうこう言うべきではない」との判断を強調。「米政府は日本の国内協議に一切介入しなかった。決定は日本自身の決断だ」と述べた。

（東京新聞朝刊、二〇一一年十二月四日）

外国が何かを要求してくるだけであれば、それはあらゆる外交にみられる通常の行為であることは言うまでもない。しかし、「外圧」とは、より強大な外国が自国の利益のために相手国に要求を突き付けるだけではなく、その強力な政治力を背景にして、事実上、強制しようとすることを意味する。外圧を受け、しかも、それに従わざるを得なくなるというのは、独立国家そして民主国家にとっては耐えがたい屈辱であるはずだ。

ところが、この報道によれば、日本の方から、その屈辱的なはずの外圧をアメリカにお願いに行ったというのである。しかも、そのことをアメリカ側から暴露され、さらに恥ずべきことに、「自分の国の将来のことは、自分でお決めなさい」と諭されている。

アメリカ側に外圧をお願いに行ったという「数人の元日本政府関係者」が誰であるかは、明らかではない。彼らが誰の依頼によって、そのようなことをしたのかも分からない。

しかし、この報道が流れた二か月後の二〇一二年二月、元外務審議官の田中均が、日本記者クラブでTPPについて講演し、会場からの質問に答える中で、次のように述べているのである。ちなみに、田中は、TPPの交渉に参加すべきであるという立場で講演を行っている[*1]。

> 変わる、変わらないという議論がありましたけれども、日本という国を考えてみたら、ずっと外の力によってしか変わっていないのではないだろうか。なぜ自分の力で変わっていかないのだろうか。どんなに権力者、英明な人がいたとしても、それは外国の圧力との絡みで国を開いていったとか、物を変えていった、ということがいえるのではないだろうか。

だから、アメリカの力を使うことも許されるんじゃないか、というふうに、無責任な民間人の立場からすれば、私は思います。

田中が、カトラーに外圧を依頼した元日本政府関係者の一人であるかどうかは不明である。しかし、彼は、日本という国は外圧がなければ変わらないのだから、日本を変えるためにはアメリカの力を使ってもよいのではないかと発言している。

田中は、さらに続けて会場から「国益とは何か」と質問されると、自らの外務官僚としての人生を振り返りつつ、いっそう確信的にこう明言しているのである。

私は、私の三七年間の外務省の経験、それからやめてから六年間、いろんな国で、あるいは国内でいろんな議論をして、これが日本のためだと思う概念で国益という規定をしています。それは何かといえば、やはり日本国がより豊かで、より安全に生きていけるということが、日本にとっての国益である、というふうに思っています。たぶん、日本がより豊かに、より安全で生きていけるということが国益ではない、という人はいないと思います。それが一番大きく国益をとるとり方だと思います。ただ、その方法論において、違いは大きくあると私は思う。

その方法論というのは、私は自分がオペレートしてきた外務省の役人としての自分のプロフェッショナリズムに基づいて、まさに十分な情報を持って、確信を持って、大きな絵をかいて、力を活用してこそ、初めて国益がつくれる、と思っています。だから、私にはきれいなことをいうつもりは全くないのです。結果をつくるために、権力者と結びつけ、結果をつくるためにアメリカの力だって活用する、それが悪いことだとは全く思いません。

反逆の時代

田中は、公の場で堂々と、アメリカの外圧を利用することが悪いことだとはまったく思わないと断言している。しかし、その発言が何を意味するのか、田中や聴衆は本当に分かっているのだろうか。

「豊かさと安全のために、外圧を使う」ということは、日本国民が自らの手で豊かさと安全を守るという国民主権を否定するということである。

国民主権とは、国民が自国の将来は自分たちの意思で決めていきたいという民主主義の理想である。そして、自国民の意思以外のものの制約からできるだけ自由に、自分たちの望む国をつくりたいという自由主義の理想でもある。また、自国を理想的なものに近付けるためには、国民の多様な意見に寛容であるべきであり、したがって、思想や言論の自由が保障されている必要があるという意味でも、国民主権は自由主義と深く関係している。その意味で、我が国の国民主権とは、自由民主主義の理念から成り立っているのである。ところが、田中均という元外務官僚は、この国民主権＝自由民主主義に反逆しているのだ。

田中だけではない。TPPを巡っては、官僚（より正確には、元官僚）たちが次々と、国民主権に対して公然と叛旗を翻していた。例えば、元経済産業官僚の古賀茂明は、二〇一一年十月三十一日に放映されたテレビ番組で、日本の農業は外圧で変えるしかないという趣旨の発言をしていた。[*2] 元農林水産官僚の山下一仁もまた、二〇一二年二月、アメリカ商工会議所と米日経済協議会共催の会合で「TPPと日本」と題して講演を行い、アメリカの元交渉担当者から「日本はTPP交渉参加を決断できるのか」と問われて、「あなたもご存じのように、日本は外圧がなければ決断できない」と答えたと言っている。[*3]

もちろん、厳密に言えば、田中、古賀、山下は「元官僚」であり、民間人としての立場から発言しているに過ぎない。しかし、古巣の組織に批判的な古賀と山下はともかく、外務審議官まで務め上げた田中の見解は、現役の外務官僚の多くも共有しているのではないだろうか。少なくとも、そう思われても致し方あるまい。

失われた「美学」

もっとも、日本の政府官僚が、外圧を望むようなメンタリティを伝統的に有してきたというわけではなかった。少なくとも、八〇年代までは、そのようなことはなかったようである。

例えば、八〇年代から九〇年代初頭に通商交渉を担当していた元通商産業審議官の畠山襄は、その経験から学んだ教訓の一つとして、「外圧への譲歩を潔しとしない美学を持て」を挙げている。畠山は、一九八五年のＩＥＡ（国際エネルギー機関）の閣僚会議に出席した際、各国から、日本が石油製品を輸入自由化していたにもかかわらず、ガソリンの輸入を行っていないことを批判されていた。これに対して、畠山は、事前の交渉によって閣僚会議におけるガソリン輸入の要求を回避した上で、帰国後に、国内に対しては、輸入開始を検討すべき旨を宣言した。このようなやり方をとったことについて、畠山は、「外圧を一旦撥ね除けた段階で、我々は一度自由を手にしたのだ。それ以降取った政策は、我々の判断であって、外圧ゆえではない」と説明している。[*4][*5]

外国の要求に応じて国内の政策を変更することは、当然、あってもよいだろう。しかし、その場合であっても、国内政策はあくまで自国の自主的な判断によるものであって、決して外圧に屈したとみられてはならない。このような意識を、畠山は「美学」と呼んでいる。外国の要求を実質的には受け入れながら、日本が自主的に決定したという「形式」にこだわるという意味で、彼は「美学」という言葉を使ったのであろう。

しかし、この形式こそが、決定的に重要なのである。何を決めるかではなく、誰が決めるかが問題だからだ。すなわち、日本国民が決めるという形式こそが、政治的に重要なのである。そして、この国民自決権（National Self-determination）を守ることは、国家官僚の最も重要な任務である。

ところが、この「美学」も、もはや過去のものとなった。つい最近まで官僚だった者たちが「外国の力を国内に意図的に引き込んで、日本の政治を動かしてやるのだ」と公然と言って憚《はばか》らない世の中となったのである。官僚が反逆する時代の到来である。この「官僚の反逆」という現象をどう解釈すべきであろうか。その背景には、何があるのだろうか。

それが本書のテーマである。

反逆という現象

今、「官僚の反逆」という言葉を使ったが、それはスペインの哲学者オルテガ・イ・ガセットが一九三〇年に著した『大衆の反逆』[*6]を意識してのことである。『大衆の反逆』は、当時、十八世紀がルソーの『社会契約論』、十九世紀がマルクスの『資本論』によって代表されたように、二十世紀を代表するものとなるだろうとまで評された、現代文明論の古典である。

オルテガの言う「大衆の反逆」とは、「以前は支配されていた凡庸な人間が、世界を支配しようと決意した」(オルテガ、四六〇頁)ということである。「凡庸な人間」とは、要するに「大衆」のことである。オルテガは、「反逆」という言葉を、良き統治を行う資質や能力を欠いている者が、その任にふさわしくないにもかかわらず、世の中を支配しようとしているという意味で使っている。二十世紀初頭、自由民主政治が堕落し、大衆の熱狂的な支持を背景に独裁者が誕生しつつあった。大衆社会から生み出される全体主義の本質を、オルテガは鋭く突いたのである。

「大衆の反逆」は、三〇年代の全体主義化という時代状況の病理をとらえた現象である。本書がとりあげる「官僚の反逆」もまた、現代日本を蝕んでいる社会病理現象である。いつの時代でも、どこの国でも、反逆が起きるのは、政治が乱れていたり、社会が歪んでいたりする場合であろう。官僚が公然と反逆しているということは、現代日本の政治や社会が壊れてきている証左なのである。「官僚の反逆」という現象を分析することで、現代日本の社会、そして精神が抱えている問題の本質が明らかになるのである。

豊かさと安全か、自由民主主義か

言うまでもないほど当たり前のことではあるが、国家官僚は、「国益」のために奉仕すべき存在である。田中均も、記者クラブでの講演の中で、国益のために働いてきたことを自負している。

では、「国益」とは何か。田中は、国益とは「日本がより豊かに、より安全で生きていけるということ」であり、それを否定する者はいないだろうと言っている。

問題なのは、田中が、いっそうの豊かさと安全という「国益」のためにアメリカの力を使うと発言していることである。これは、すなわち、より豊かにより安全で暮らすことの方が、国民主権あるいは自由民主主義の理想よりも重要だということである。

当然のことながら、自由民主国家が豊かで安全であるとは限らない。むしろ、自由民主主義の理想を追求すると、豊かさや安全が犠牲になるということはある。例えば、植民地が独立して、自由民主主義を実現しようとすれば、当然、宗主国との間で独立戦争が勃発し、豊かさどころか生命すら犠牲になる場合がある。しかし、それでも独立の闘士が敢えて命の危険を冒してまで戦うのは、国家の独立や自由民主主義の理想が、豊かさや安全よりも重要だと信じるからにほかならない。

もっとも、独立戦争という極端な状況まで考えなくても、自由民主政治と豊かさの追求が矛盾することは、日常的によくあることである。例えば、国民がより豊かになるための国家予算を成立させるためには、国会における議論と採決という民主的手続きが必要である。しかし、その結果、国家予算が豊かさを最大化できるものとはならない場合も少なくない。なぜならば、民主的手続きの過程で、政治勢力間の争いや取引が行われ、国家予算が政治的妥協の産物となるからである。この場合、豊かさは、民主的手続きの犠牲になっている。また、国民の多様な意見を聴取し、国会で議論を十分に尽くそうとすれば、相当な手間と時間がかかる。自由民主政治とは、非常に面倒で厄介であり、非効率的なものなのである。

それにもかかわらず、この手間のかかる自由民主政治の手続きが尊重されるのは、自由民主政治の価値が豊かさよりも重要だと考えられているからである。「日本は、なかなか変わらない」だの、「政治の決断が遅すぎる」だのといった批判がお定まりとなっているが、それは日本の政治の性格ではなく、自由民主政治というものの性格ゆえなのである。

自由民主政治は、いつの時代でもどこの国でも不完全なものであり、理想的な結果をもたらさないことの多いシステムである。しかし、自由民主政治の価値を尊重するということは、そのような不完全で厄介な政治であっても、それと辛抱強く付き合うということである。政治が利害関係にからめとられて思うようには動かないものであったとしても、それでも改善や改革の努力を諦めずに、言論や運動を忍耐強く続ける。それが、自由民主政治というものなのだ。そういう地道な努力に耐えられずに、安易に望ましい結果だけを求めようとすれば、自由民主政治自体が失われてしまうだろう。

しかし、「より豊かに、より安全で暮らすこと」を自由民主政治よりも優先するという価値観の持ち主ならば、自由民主政治を踏みにじるような振る舞いに及んでもまったくおかしくないだろう。

田中均の反逆

もちろん、厳密に言えば、国家安全保障上の危機のように、自由民主主義の手続きを省略してでも、安全を優先しなければならないような場合はある。例えば、敵国からの攻撃を受けて戦争状態に突入した場合には、国家は、言論や政治活動の自由を制限したり、民主的な手続きを排除したりする。このように、いわゆる戦時態勢を暫定的にとらざるを得ない場合もないわけではないのである。しかし、そうせざるを得ないのは、自国を防衛し、独立を維持しなければ、自由民主主義も守ることができないからである。自由民主主義を守るために、暫定的に自由民主主義を否定せざるを得ないこともある。自由民主主義という理想には、このような厳しい側面がある。

ただし、こうした局面を迎えることになるのは、あくまでも、ごく例外的な緊急事態に限られる。だが、TPPへの交渉参加が、そのような国家安全保障上の緊急事態に該当するはずがない。アメリカから日本に対して、「TPPに参加しなければ、日本の安全保障体制を崩壊させる」という脅迫を伴った外圧があったのなら分からないでもないが、そのような様子はみられない。それどころか、実際には、アメリカ側から「米政府は日本の国内協議に一切介入しなかった。決定は日本自身の決断だ」と言われている始末である。

しかも、TPPへの参加によって、日本がより豊かで、より安全になるということすら疑わしい。むしろ、より貧しく、より危険になる可能性すら濃厚にあるという指摘も少なくない。[*7] だからこそ、国論はTPPを巡って二分したのである。

そもそも、最近まで外務省の幹部であった者が、アメリカが日本をより豊かで安全にするような外圧をかけてくれると言う、その甘さに目を疑う。田中は、「国益」を「豊かさと安全」と定義したが、どうやら彼は、その間違って定義された「国益」を実現する方法すら分かっていないのである。

さらに、田中は「日本という国を考えてみたら、ずっと外の力によってしか変わっていないのではないだろうか」などという国家観あるいは歴史観を平気で披露しているが、そのような話は、床屋談義の日本論ならばまだしも、歴史学的・社会科学的にみて、真面目な検証にはまったく堪え得ない。[*8]

もちろん、幕末・維新期や敗戦後のように、外国の圧力や国際的な政治経済環境の変化を受けて国のあり方が大きく変わったことはある。近代世界に組みこまれた以上は、海外からの影響を受けて自国のあり方が変わるということは、何も日本に限らず、どのような国でも経験してきたことだ。しかし、外の力を受けて国が変わったという歴史があったからといって、「だから、アメリカの力を使うことも許される」という結論にはならない。

そのようなことは、初歩的な論理の問題である。

国益とは何かを分かっておらず、床屋談義レベルの国家観しかなく、論理性すら怪しい凡庸な人間がエリートとしての地位にいたというのなら、それこそが、オルテガの言う意味における「反逆」にほかならない。

許される反逆

この記者クラブにおける田中の戦慄すべき講演について、司会者は「相当深いやりとりができたような気がいたします。ありがとうございました。田中さんのきょうの揮毫は『覚悟を持とう』の、その一言でありました」などとおめでたく締めくくっている。だが、田中は、日本の自由民主主義を否定し、自分の勝手な国家観に基づく間違った国益の「大きな絵」を描くために、アメリカの力を借りると言っているのである。ならば、田中がもとうとしている「覚悟」とは、国民に対する反逆の「覚悟」であろう。そうとしか考えられない。

ところが、著名な元外務官僚が日本国民の自由民主主義に反逆する発言をしたというのに、この発言が物議を醸すということは、まったくと言ってよいほどなかった。冒頭――

用した新聞報道も、特に話題にはならなかった。先述の元経産官僚の古賀茂明や元農水官僚の山下一仁の発言も、批判の集中砲火を浴びるようなことはなかった。それどころか、古賀や山下は言論人として、マス・メディアに重宝されている。

これは、一見すると、奇妙なことのようにも思える。なぜならば、これまで大衆は、官僚が「国民の自由を制限している」とか、「民主主義を軽んじている」とか言っては怒り、行政の些細な瑕疵《かし》をも見逃さずに、官僚バッシングを繰り返してきたからだ。マス・メディアは、官僚を叩けば視聴率が稼げることを知っている。政治家は官僚を吊るし上げれば大衆の人気が得られることを知っている。

だとするならば、外圧を使って日本を変えるなどという、自由民主政治を踏みにじるような振る舞いや発言を、最近まで官僚だった者がしたならば、それこそバッシングの火が付きそうなものだ。あれほど「官主導から政治主導へ」という改革を待望してきた大衆が、政治主導ではなく、官僚がアメリカの力を頼みにして国の将来を決めるなどというのを許せるはずがない。ところが、どういうわけだか、そうはなっていないのである。

大衆の反逆

なぜ、官僚批判を好む大衆が、官僚の反逆を許しているのか。これを理解するためには、オルテガの大衆論に立ち戻ることが有益であろう。

そもそも「大衆」とは何か。オルテガは、個人としての特定の意見をもたず、附和雷同する人々を「大衆」と定義している。

> 大衆とは、みずからを、特別な理由によって――よいとも悪いとも――評価しようとせず、自分が《みんなと同じ》だと感ずることに、いっこうに苦痛を覚えず、他人と自分が同一であると感じてかえっていい気持になる、そのような人々全部である。
>
> （オルテガ、三九〇頁）

オルテガの大衆批判は辛らつを極めている。ただし、彼が批判する「大衆」とは、よく誤解されるように、特定の階層のことではない。階級や社会的地位とは関係なく、自分の意見をもたずに大勢に流されるような人間たちのことを、「大衆」と呼ぶのである。したがって、富裕層や支配者層に属していても、空気に左右されやすいような性格をもっているのであれば、その人間は「大衆」の一員なのである。

「大衆」の反対は「エリート」であるが、「エリート」もまた、特定の階層や職業を意味するものではない。オルテガによれば、「エリート」すなわち「選ばれた少数派」とは、「自分に多くを要求し、自分の上に困難と義務を背負いこむ人」のことである。

エリートは、「自分よりもすぐれた、自分のかなたにある規範にみずから訴えることが必要だと、心底から感ずる性格をもっていて、その規範のために、易々として身を捧げる」のである。そのような自らに厳しい規律を課している人間であれば、寿司職人であろうがプロ野球選手であろうが、「エリート」と呼ぶことができる。反対に、高級官僚であろうと財界の幹部であろうと、「自分になんら特別な要求をしない人」であれば、それは大衆的人間に過ぎないのである。「エリート」と「大衆」というのは、「社会階級の区分ではなく、人間の区分であって、上層、下層の階層序列とは一致するはずがない」とオルテガは明言している。

オルテガを、一般庶民を侮蔑する、鼻もちならない反民主的なエリート主義者だとみなしてはならない。むしろ、オルテガは、かつてのヨーロッパにはあったような、ある種の民主主義を尊重している。彼は、それを「古い民主主義」と呼んでいる。

「古い民主主義」の下では、人々は、自由主義と法に対する熱情を共有していた。また、個人は、自らに厳しい規律を課していた。「自由の原理と法的な規制の庇護のもとに、少数派は行動し生活することができた」のであり、多数派の世論が少数派をバッシングし、抑圧するようなことはない。そのような民主政治においては、自由がある。自由と民主政治が両立している。オルテガは、こういう古典的な自由民主主義を理想としているのである。

これに対して、彼が拒否するのは、彼が「超民主主義」と呼ぶ新しいタイプの民主政治である。それは、大衆が支配し、世論が左右するような民主政治である（オルテガ、三九三頁）。大衆民主社会では、支配的な世論が少数派を排除する。そこには、少数意見に対する寛容という自由主義の美徳はない。そして、「出る杭は打たれる」のたとえ通り、少数のエリートたちは、大衆によってバッシングされるのである。

> 現時の特徴は、凡庸な精神が、自己の凡庸であることを承知のうえで、大胆にも凡庸なるものの権利を確認し、これをあらゆる場所に押しつけようとする点にある。アメリカ合衆国でいわれるように、他人と違うのは行儀が悪いのである。大衆は、すべての差異、秀抜さ、個人的なもの、資質に恵まれたこと、選ばれた者をすべて圧殺

るのである。みんなと違う人、みんなと同じように考えない人は、排除される危険にさらされている。

（中略）

これこそ、外見の粗暴さを隠さずに描いた、われらの時代の恐るべき事実である。（オルテガ、三九四頁）

官僚バッシングが流行っているのは、日本が大衆社会化し、そして大衆が官僚を「選ばれた者」「みんなと違う人」とみなしているからにほかならない。大衆は「大衆でないものとの共存を望まない。大衆でないすべてのものを死ぬほど嫌っている」（オルテガ、四四三頁）。これを言い換えれば、大衆は自由民主主義を嫌っているということでもある。オルテガが描いているのは、現代日本の恐るべき事実でもある。

エリートとは何か

オルテガの大衆社会論に依るならば、大衆が官僚を吊るし上げ叩くのが好きなのは、官僚が大衆的人間とは違って、「自分に多くを要求し、自分の上に困難と義務を背負いこむ人」としてのエリートとみなされているからだということになる。

では、大衆が、田中、古賀、山下といった反逆した官僚を攻撃しないのは、なぜなのであろうか。それは、彼らがエリートであることをやめて、大衆的人間と化したからではないだろうか。というのも、大衆は、自分たちと同じタイプの人間のことは叩かないからである。そのことを確認するために、再び、オルテガの描く大衆的人間の性格をエリートとの対比でみていこう。

オルテガによれば、エリート――彼は「貴族」とも呼ぶ――とは、決して現状に満足することなく、より高みを目指して鍛錬を続けており、常に緊張感をもって生きている存在である。「私にとっては、貴族とは努力する生の同義語であって、つねに自分に打ち克ち、みずから課した義務と要請の世界に現実を乗りこえてはいっていく用意のある生である」（オルテガ、四三三頁）。再び確認しておくと、ここで言う「貴族」とは、特定の階級のことではなく、人間の高貴な生き方のことである。

これに対して、大衆的人間とは、今の自分に満足し、安穏として暮らせる現状にあぐらをかき、自己鍛錬をすることなく、いい加減に日々を過ごしている者のことである。こうした大衆は、発達した近代産業文明の中で、豊かで安全な暮らしを保障されるようになったことで世にはびこるようになった。大衆とは、近代産業文明から生まれてきたのである」（オルテガ、四六九頁）。

オルテガは、大衆を、甘やかされて慢心した子供にたとえる。親の庇護の下で何もない環境下で育った子供は、外の世界の厳しさを知らず、それゆえ世の中を甘く見ており、自分の足で立って真剣に生きようとはしない。そんな甘やかされた子供と同じように、大衆もまた、国家によって便利で安全な生活環境を保障されているおかげで、緊張感もなく現状に安住して暮らしている。「あまりに組織されすぎた世界に生まれ、そのなかで便宜だけを見いだし、危険を感じないタイプの人間は、ふざけて暮らすよりほかに行動できないのである」（オルテガ、四六九頁）。

大衆的人間は、豊かで安全な環境に満足し、さらなる高次の価値や理想を目指してリスクを冒したり、努力を続けたりするようなことはしないのである。

もし、日本国民がそのような大衆と化したのであれば、「豊かさと安全のためには外国の力を利用しても構わない」という田中均の発言に、何の違和感も覚えなくとも不思議ではない。なぜなら、大衆的人間は、国家によって与えられた豊かさと安全よりも大事な理想――例えば国民主権――があるとは思わないからである。実際、「日本は、アメリカに守ってもらっているおかげで、豊かさと安全を享受できている」とか、「日本は、外圧がないと変わらない」とかいった話は、大衆の間でよく語られているであろう。自分たちの思っていることを代弁している者を大衆が批判するはずがない。

豊かさと安全を最も重視する田中の価値観は、エリートではなく、大衆的人間のものだったのである。だから、彼の発言は、大衆から叩かれることがなかったというわけだ。田中自身が、いみじくも「日本がより豊かに、より安全で生きていけるということが国益ではない、という人はいないと思います」と述べている。

エリートであることをやめた官僚たち

官僚が、より豊かで安全な日本を実現するために、外圧を利用することは、それ自体が自由民主主義に対する反逆であるというだけではない。その安易な姿勢は、エリートとしてであるべき生き方にも背くものである。

豊かさと安全を、国内の自由民主政治を通じて実現しようとする場合、さまざまな障害に直面せざるを得ないのは確かである。先に述べたように、自由民主政治の過程では、意見が多様であり、議論をいくら重ねてもなかなか合意には達しない。また、多くの利益集団や政治勢力が理不尽な要求を突き付けたり、圧力をかけたりしてくる。このため、何を決めるにも時間がかかり、理想通りの結果にはならないことが多い。

そのような厄介で不完全な自由民主政治の手続きを踏むよりも、強大な外国の圧力を利用して、国内の利益集団の要求や圧力を抑えれば、「豊かさと安全」をもっと早く確実に実現できるだろう。田中の考えは、明らかにそういうことだ。古賀や山下も同じであろう。

一見すると、その方が効率的で賢いやり方であるようにみえる。しかし、そのような安易な近道を通り抜けようとすることこそ、エリートがやってはならないことなのである。なぜなら、エリートとは、困難な道を進むことを敢えて義務として自らに課すものだからである。むしろ、そうしなければ、生きている実感が得られないというのが、エリートというものなのだ。


なにか卓越したものに奉仕するように生をつくりあげるのでなければ、かれにとって生は味気ないのである。したがって、奉仕の必要性を一つの圧迫とは思わない。もしも偶然その必要性がなくなると、彼は不安を覚え、自分を抑圧するもっと困難でやっかいな規範をつくりだす。これは修行としての生であり――高貴な生である。

（オルテガ、四三一頁）

自由民主政治という至極厄介な場で、政治家や利害関係者と議論を重ね、意見を聴き、説得し、根回しを行い、駆け引きを演じ、複雑な多元連立方程式を解くかのように合意できる妥協点を探り続ける。官僚が真の「エリート」であるなら、この困難な自由民主政治のプロセスを経ることを、規範として自らに課すはずである。その困難な規範から逃げるような者は、エリートではなく大衆的人間である。外圧を利用する官僚たちは、その生き方においても、大衆的だったのである。

そもそも、自由民主的な国家で官僚となった以上は、自由民主政治の厄介なプロセスからは逃れられない「運命」のはずだ。外圧の利用という安易な手段に走るのは、自由民主政治における官僚としての「運命」からの逃避である。自分の運命から逃走することを、オルテガは「反逆」と言うのである。「結局、真に反逆と呼びうる唯一のものは、各自が自分の運命を容認せず、自分自身にたいして反逆することだからである」（オルテガ、四七六頁）。

外圧を利用しようとする現代日本の官僚たちは、国民に対して、自由民主政治に対して、そしてエリートであることに対して反逆しているのである。

＊1―日本記者クラブ研究会「ＴＰＰ」(二〇一二年二月二十四日)、田中均(日本総合研究所国際戦略研究所理事長)「国の将来とＴＰＰ参加」。
http://www.jnpc.or.jp/files/2012/02/178170c39a9ad37835f068fb689b455.pdf
＊2―ビートたけしのＴＶタックル、二〇一一年十月三十一日放送。
＊3―http://www.canon-igs.org/column/macroeconomics/20120410_1328.html
＊4―畠山襄「国際交渉の現場から得た教訓」中央公論二〇一二年六月号。
＊5―ただし、畠山は、日本のＴＰＰへの参加については賛成の立場である。ここで、畠山の言説に言及したのは、あくまでも、彼の外圧に対する態度が田中らとは対照的であることを示すためである。畠山は、外圧による国内の変革以外の理由によってＴＰＰの参加に賛成している。
＊6―オルテガ「大衆の反逆」　中公バックス世界の名著68『マンハイム・オルテガ』中央公論社、一九七九年。
＊7―この点については、拙著『ＴＰＰ亡国論』(集英社新書、二〇一一年)、関岡英之『国家の存亡』(ＰＨＰ新書、二〇一一年)、東谷暁『間違いだらけのＴＰＰ』(朝日新書、二〇一一年)をはじめとして多数の書籍・論文が出されている。
＊8―このような国家観・歴史観の批判については、例えば、拙著『日本思想史新論――プラグマティズムからナショナリズムへ』(ちくま新書、二〇一二年)を参照されたい。

第一章　虚妄の行政改革

マックス・ウェーバーの官僚論

官僚が、自由民主政治に対して叛旗を翻している。それにもかかわらず、官僚バッシングに熱心なはずの大衆が、それを容認している。この奇妙な「官僚の反逆」現象の真相を究明するためには、そもそも、官僚とは何かを確認しておく必要がある。

そこで、まず、官僚制に関する分析として最も有名なマックス・ウェーバーの論文「官僚制的支配の本質、諸前提および展開」を改めて解釈し、議論の出発点とすることとしよう[*1]。

ウェーバーが考察の対象としたのは、行政機関としての官僚制にとどまらず、私企業の官僚制的な組織をも含んでいる。ウェーバーは、行政組織というよりは、社会の「官僚制化現象」について考察したというのが正確な理解なのである。この「官僚制化現象」が近代資本主義の下で社会全般を覆い尽くすに至ったというのが、彼の問題意識であった。官僚制化とは、近代的な現象であった。ウェーバーの官僚制の分析とは、近代社会の分析なのである。

ウェーバーによれば、この「官」にも「民」にも及ぶ近代社会の「官僚制化現象」とは、次のような特徴をもつ。

まず、官僚は、規則の拘束の下で職務を執行し、「非人格的な没主観的目的」――つまり「だれかれの区別をせず」――に奉仕する義務を負う。こうした官僚のあり方は、封建社会における主従関係と対比すると、その近代社会に固有の性格がよりはっきりする。

封建制度では、家来が、領主などある特定の一支配者との間に主従関係を結んでいたのである。これに対して、官僚の忠誠心が向けられるのは、特定の人格ではなく、「国家」あるいは「企業」といった非人格的で客観的な対象である。官僚は、特定の人格に仕える家来とは違って、「だれかれの区別をせずに」仕えることができる。したがって、最も純粋な官僚とは、自動化されたマシーンのようなものなのである。

規則に従って事務処理をする官僚制の特徴は、その作業の迅速さと精確さである。かつては、名望家が行政実務を兼務していたり、合議によって行われていたりしたために、事務処理には時間がかかり、また精確さを欠いていた。しかし、近代社会では、専門的に訓練された官僚が、一律の規則に従いつつ作業を分割して処理するために、事務処理は効率的で迅速に遂行される。

官僚は、没主観的目的に向けて（「だれかれの区別をせずに」）、事務作業を自動処理する。これは、「計算可能な規則」に従って事務処理を行うことを意味する。この「計算可能性」こそ、官僚制化現象の重要な特質であり、さらには近代社会を支配する価値観としてウェーバーが抽出したものである。

だれかれの区別をせずに、主観的な判断を入れずに迅速に物事を処理するには、客観的な判断基準が必要になる。そのためには、判断基準を定量化・数値化することである。物事を数字で判断するということは、官僚個人の主観的価値判断や感情が排除されるということである。なぜなら、主観や感情は定量化できず、計算可能ではないからだ。まさに官僚の採用自体が、計算可能な規則に従っている。官僚は、属人的なコネや人事担当者の好き嫌いではなく、試験の成績という定量化された中立的な判断基準に従って、公平に採用されているのである。

非人間化こそが美徳

官僚が中立的で公平な判断基準に従っているということは、一般的には望ましいものと考えられている。確かに、行政が特定の政治家や政治家集団の利益追求に偏向せず、国民全体の利益を考慮するという意味での中立性や公平性は、望ましいものである。しかし、もし、この公平性あるいは中立性が、官僚が一切の主観や感情を交えずに、定量的な規則に従って淡々と事務を処理することだと理解された場合には、どうか。それは官僚を「非人間化」するという意味になってしまう。ウェーバーが官僚制を論じたときに問題としたのは、そのことだった。

例えば、ある失業者が役所に失業手当を申請しようとしたが、母親が急に体の不調を訴えたために家を出るのが遅れ、書類の提出期限を一時間遅れたとしよう。このような場合、もし、役所の職員が、提出期限を遅れたことをもって書類の受理を拒否するとしたら、その職員は非人間的だとみなされるだろう。しかし、この職員が「書類の提出が遅れたのは母親の病気というやむを得ない事情のせいであるし、失業手当が出ないとこの失業者は生活に困るだろうから、今回は書類を受理してあげよう」とお目こぼしをしたとしよう。それは人間的な行為ではあるが、特定の者に対して例外を許したという意味では、中立・公平な事務処理とは言えなくなる。

　時間という数字によってあらわされた提出期限は「計算可能な規則」であるが、個別具体的な状況に応じた判断は主観的であり、場合によっては感情的ですらあるので、定量化できない。だが、個別具体的な状況に対する主観的な判断や感情といった計量不可能な要素こそ、人間らしいものである。そうした主観や感情を一切滅却して、ひたすら「計算可能な規則」を厳守する自動機械のような官僚は、冷酷で非人間的である。

　一般に、「官僚」という言葉には、「紋切り型の対応」「融通が利かない」「血が通っていない」といったイメージを連想させるものがある。世間で「お役所仕事」が嫌われるのも、官僚が「計算可能な規則」に忠実なあまり、個別具体的な状況に応じた柔軟な判断をしようとしない傾向があるからであろう。官僚制の特質である「計算可能性」とそれに伴う「非人間化」は、世間一般に根深い官僚批判の要因の一つである。

　しかし、この「非人間化」こそが、近代資本主義社会が求める美徳なのだとウェーバーは言うのである。

　官僚制が「非人間化」されればされるほど、それだけより完全に、官僚制は、資本主義に好都合なその独特な特質を発展させることになる。ここで、より完全にというのは、官僚制が、愛や憎しみ、およびいっさいの純個人的な、総じて非合理的な、計算できない感情的要素を、公務の処理からしめだすのに成功するということなのであって、それは、官僚制の徳性として賞賛される固有の特質なのである。まことに、近代文化が複雑化と専門化の度をくわえるにつれて、それは、個人的な同情、恩寵、恩恵、感謝の念に動かされる旧い秩序の首長のかわりに、人間的に中立・公平な、それゆえ厳密に「没主観的」な専門家を、それ「近代文化」をささえる外部的装置のために必要とするのである。

（ウェーバー、三三六頁）

大衆が求める官僚制

官僚制組織とは、計算可能な規則に従って定型化して行うことで、事務を精確かつ迅速に処理することができる制度的装置である。ウェーバーは、官僚制組織は、行政機関や大企業経営に固有のものではなく、むしろ近代社会そのものを支える装置として論じている。この官僚制組織と近代社会の関係という問題は、「官僚の反逆」という本書のテーマに深く関わってくる。

ウェーバーは、官僚制の本質を、だれかれの区別をしないという「没主観性」と、客観的に数値化できる規則に従うという「計算可能性」にあると分析した。言い換えれば、官僚制は、各個人の身分や階級を考慮せず、既得権益や特権を認めずに、一律・平等に取り扱い、事務を処理するのである。

ここで重要なのは、この身分や階級の区分を排除して、平準化するという官僚制の支配形式は、「権利の平等」を旨とし、得票数という「計算可能な規則」によって物事を決定する「大衆民主制」と原理的に同じだということである。

ウェーバーは、次のように述べている。

官僚制組織は、同質的な小単位体の民主制的自治とは対蹠的に、とりわけ、近代の大衆民主制の不可避的な随伴現象である。このことは、なんといっても、支配行使が抽象的な規則にもとづくという、官僚制に特有な原理によっている。なぜなら、これ「抽象的な規則にもとづく支配行使」は、人的および物的な意味における「権利の平等」への要求から生じ、それゆえに、「特権」の忌避や「その都度」式の「事務」処理を原理的に拒否することから生じるからである。

（ウェーバー、二三六頁）

近代以前の社会では、地方の名望家が行政職を兼務して統治を行っていた。しかし、名望家たちが独占する行政上の特権は、大衆が平等に参政権を有する大衆民主政治を実現する上では障害になる。そこで、大衆民主化の過程においては、名望家たちの既得権益や特権が排除され、身分や地位が「平準化」されていくことになる。こうして名望家たちによる政治が一掃される一方で、それまで彼らが担っていた兼務的名望家行政に代わる行政機構が必要になる。それこそが官僚制的組織であるというのが、ウェーバーの認識であった。

ウェーバーは、歴史的にみても、官僚制化は、明らかに大衆民主化と並行して進行していると指摘している。官僚制化の進展は、国家行政組織においてのみ起こる現象ではない。政党も、民主化とともに、属人的な威信をもった名望家による支配から、官僚制的な党組織による支配にとって代わられるようになっていった。官僚制的組織は、大衆が民主制を実現し、名望家による支配を破壊するための武器であったのだ。

ここで官僚制化と手を携えて進むとされる「大衆民主化」の意味を明確にしておく必要がある。一般的には「民主化」とは、人々が自分たちの将来を決める政治に参加する自治の権利を得ることを意味しているが、ウェーバーは次のように注意を促している。「ここでいおうとする意味での『民主化』は、かならずしも、当該社会組織の内部で、被支配者が支配に能動的に参与する機会の増大、ということを意味するとはかぎらない」（ウェーバー、三三八頁）。

大衆民主政治において、「民主政治」とは言うものの、大衆は実際には政治に能動的に参加しているとは言えず、自治が実現しているわけではない。大衆民主政治とは、人々の政治参加による自治のことではなく、多数派が形成する世論によって支配されるような政治なのである。大衆民主政治とは、オルテガの区分を借りれば、「古い民主主義」ではなく「超民主主義」である。この超民主主義に随伴する現象が、官僚制なのである。オルテガもまた、大衆社会においては「生はすべて官僚主義化される」（オルテガ、四八一頁）と述べている。

古賀茂明の倒錯

官僚制的組織とは、大衆民主制を実現するための装置であり、大衆民主化と官僚制化は並行して進行する。このようなウェーバーの議論は、奇異に聞こえるかもしれない。なぜなら、今日の日本では、大衆は、官僚制こそが真の民主制の実現を妨げる障害であるとみなして目の敵にしてきたからだ。

古賀茂明が「改革派」の官僚として大衆の人気を博したのも、その官僚批判のゆえである。彼は、ベストセラーとなった著書『日本中枢の崩壊』(講談社、二〇一一年)の中で、さまざまな改革案を披露しているが、その一つとして「平成の身分制度」なるものの廃止を唱えている。

「平成の身分制度」とは、いったい何のことであろうか。古賀の説によれば、現代の日本には、努力なしに手に入れられる地位や身分がたくさんあるのだという。例えば、農家の多くは親から田畑を引き継いでおり、中小企業の経営者の多くもまた親の会社を承継しているが、古賀は、これらは、農家や中小企業経営者の家に生まれて得たに過ぎないので、「身分」なのだと言う。国家公務員も、公務員試験さえ通れば、年功序列で六十歳まで地位が安泰であり、退職後も「天下り」で生活が保障されるので「身分」だと言う。そして、現在の日本の制度や政策は、こうした「身分」の人に手厚い保護を加え守っているので、一種の「身分制度」と言えるのだから、これらを撤廃すれば日本経済が活性化するのだと、古賀は論じている(古賀、三三二頁)。

しかし、この古賀の議論は、倒錯を極めている。

子が親の財産を相続するという当然の権利を「身分」と呼ぶ。職業選択の自由が保障されている中で、自主的に親の職業を継ぐことを選んで農家や中小企業経営者になっているのに、それも「身分」と呼んで批判する。他方で、公平な国家試験によって任用される公務員については、親からの相続だからではなく、定年まで地位が安定しているから「身分」なのだという。しかし、親の後を継いでなった農家や中小企業経営者の「身分」は、定年まで生活が保障されてはいないのだが。

農家や中小企業の後継者も公務員も一緒くたにして、いずれも努力もしないで得た「身分」だと非難するのは、言いがかり以外の何物でもない。そして、農業政策、中小企業政策、そして公務員制度が、これらの「身分」を保護するためのものであるなどという議論は古賀個人の偏見に過ぎず、およそ学問的検証には堪え得ない。

だが、このように論ずるに値しないでたらめさにもかかわらず、ここで敢えて古賀の議論をとり上げたのは、彼が公務員の地位を「身分」と呼び、それを撤廃することを官僚制の改革だと信じており、またそのような彼が大衆の人気を博しているという点が興味深いからである。

というのも、ウェーバーによれば、「身分」を撤廃し、地位を平準化することこそが、官僚制化にほかならないからである。すなわち、官僚という「身分」の廃止を唱える古賀は、官僚制化の徹底を求めているのである。しかも、それによって古賀は大衆の支持も得ているが、大衆が官僚制化を求めるというのもウェーバーの分析の通りである。

要するに、古賀という元官僚は、ウェーバーに言わせれば、改革派どころか、官僚制化の徹底を目論む純粋な官僚主義者だということなのだ。

大衆はなぜ官僚を批判するのか

しかし、そうだとすると、なぜ大衆は、官僚制化を求めていながら実際に存在する官僚制を嫌い、攻撃するのだろうか。実は、ウェーバーの慧眼《けいがん》は、その答えも用意していた。

つまり民主制という政治的概念は、被支配者の「権利の平等」ということから、さらに、(1)だれもが官職につきうるようにするために、閉鎖的な「官吏身分」が発達するのを阻止すること、(2)「世論」の影響範囲をできるだけひろげるために、官吏の支配権力を極小化すること、という要請をひきだすのであり、したがって、できることなら、専門的資格にとらわれずに、選挙でいつでもリコールして、在職期間を短縮しようとつとめるのである。こうして、民主制は、みずから――名望家支配にたいするその闘争の結果として――生みだした官僚制化の傾向とどうしても衝突せざるをえないようになる。

（ウェーバー、三三八頁）

大衆は当初、名望家から権力を奪取し、身分を平準化して官僚制を生み出しておきながら、名望家支配の破壊を完了すると、今度は更なる平準化を目指して、官僚制を次なる攻撃目標とする。現代日本における大衆の飽くなき官僚批判は、まさに、この段階に入っているのではないだろうか。そう考えると、官僚制を「身分制度」と呼んで、その廃止を唱えることで大衆の支持を得た古賀の議論は、まことに日本の官僚制化（＝大衆社会化）を象徴するものであると言えるだろう。

実際、ウェーバーの指摘する⑵は、「官主導から政治主導へ」のスローガンが如実に示している。⑴についても、例えば古賀は、官への民間人材の登用を進め、官民の出入りを自由にすることを提唱している。それは、「回転ドア」方式と呼ばれている。彼の考えでは、この「回転ドア」方式を実現すれば、公務員の年功序列制という「平成の身分制度」が廃止されることになるのである（古賀、一五七―一六〇頁）。

古賀自身は、この「回転ドア」方式を、官僚制度の新しい改革案として得意そうに提案しているが、所詮は、ウェーバーが百年ほど前に指摘した「官僚制化（＝大衆社会化）」の行きつく先に過ぎない。官僚制を抜本的に改革したいのであれば、せめて行政学及び官僚の必読文献であるウェーバーの理論ぐらいは知っておくべきであろう。

成果主義の挫折

古賀は、公務員の年功序列制と身分保障を官僚機構の構造的欠陥として非難する。そして、民間企業と官庁の人事管理を比較しながら、次のように言う。「かつて日本企業の強味の一つは従業員の忠誠心を育む年功序列制にあるといわれていた時代もあったが、いまどき、年功序列制を採用している民間企業はほとんどない。勤務した年数で人事を決め、待遇を上げていくというシステムでは、厳しい国際競争には勝ち抜けず、生き残れないからだ」（古賀、一四七頁）。

厳しい競争にさらされている民間企業は、かつての年功序列制をやめて、能力主義・成果主義を導入しているのに対し、官庁はいまだに年功序列制の上にあぐらをかいているというわけだ。そこで古賀は、官庁も民間企業のように、厳格な目標設定と評価を行い、目標が達成できない幹部の入れ替えを果敢に行うべきだと主張している。
日本の企業経営については、いまだに古賀の言うような議論が根強い人気を保っている。ところが、このような通俗観念は、東京大学教授の高橋伸夫が、すでに『虚妄の成果主義』（日経BP社、二〇〇四年）において、経営学の観点から徹底的に批判しているのである。高橋の議論は非常に示唆に富むものである。そのポイントだけを挙げれば、次のようになる。

第一に、そもそも日本企業は、かつても「年功序列制」を採用していなかった。日本企業の実際の人事は、勤続年数で横並びではなく、昇進・昇格・昇給によって差をつけており、企業内部では激しい競争が繰り広げられていた。マクロ経済のデータでみると、確かに賃金カーブは年齢別に上がっているが、これは賃金の平均値を示しているに過ぎない。実際には、この年齢別の平均値（年功ベース）を基準にして、上下で差がつく仕組みになっている。こうしたことから、高橋は、日本企業は「年功制」ではあるが、「年功序列制」と呼ぶのは適切ではないとしている。

第二に、日本企業の年功制は、従業員の業績に対して、給与ではなく、次の仕事の内容の面白さによって報いるシステムである。これは、金銭的な報酬よりも、仕事それ自体の面白さや達成感をインセンティブにして働くという人間の本性を踏まえた、優れた仕組みである。また、年功制とセットである終身雇用は、従業員が生活の不安を感じることなく、長期的な視野に立って仕事に打ち込めるようにするための仕組みである。したがって、年功制を改めて成果主義を導入した企業では、仕事の面白さというインセンティブが失われ、従業員のモチベーションが低下し、生産性が上がらなくなったり、会社を辞める者が増えたりするといった事態を招いている。

第三に、成果主義は、従業員の能力を客観的な指標によって測定し、人事評価の基準としようとする。しかし、人間の能力は多面的・総合的であり、また置かれた環境によっても左右される。したがって、社員を客観的な指標によって測定しようとしても、その能力を正確に把握することはできない。また、たいていの場合、社員のほとんどは成果で差をつけることができない「どんぐりの背比べ」の状態にあるので、成果主義を導入しても結局、横並びの評価となる。もし、社員の真の能力を把握しようというのであれば、組織に長期的に帰属させて、長い目でさまざまな角度からみていくしかない。それにもかかわらず、強引に成果主義を導入した企業では、結果的に、社内評価の良くない社員が客観的指標によって高く評価されるといった事態を引き起こしている。

かくして日本企業が導入しようとした成果主義は、おおむね失敗に終わった。一九九〇年代半ばから流行した成果主義は、現在では、ほとんどの企業で放棄されたか、形骸化していると高橋は述べている。古賀は、そういう企業の実態を知らないのだ。

民の官僚制

高橋伸夫が『虚妄の成果主義』の中で論じたのは、民間の企業経営についてである。しかし、彼の議論は、官僚制を論じる本書にとっても非常に重要な意味をもつ。なぜなら、人間の能力を客観的な数値で計測し、それに従って組織を運営しようという成果主義は、まさにウェーバーの言う「計算可能な規則」の支配を特徴とする官僚制化現象そのものだからだ。したがって、高橋が成果主義に対して下した診断は、官僚制化現象の分析にも大いに当てはまるというべきであろう。

そもそも、成果主義という発想は何ら新しいものではなく、二十世紀初頭のアメリカで、フレデリック・テイラーが提唱した「科学的管理法」にもみられるという。

テイラーの科学的管理法（いわゆる「テイラー主義」）は、次の二つの特徴をもっている。第一に、作業員の動作を分析し、最も能率的な動作へと変えていくことを目指すものである。そして第二に、定められた標準を達成できた場合には高い工賃単価、達成できなかった場合には低い工賃単価という成果主義の賃金制度を導入するものである。

このうち、一点目の能率的な動作を課業として設定するという手法については、成功をおさめ、現在でもインダストリアル・エンジニアリングとして継承されている。ところが、二点目の成果主義の賃金制度は、結局のところ、うまく機能しなかったのである（高橋、一三七—一四一頁）。

この成果主義を提案したテイラーは、ウェーバーとほぼ同時代人である。ウェーバーは、官僚制化現象が近代資本主義社会を覆い尽くしていると観察していたが、まさにその官僚制化現象の一端が、アメリカにおけるテイラーの科学的管理法という成果主義の導入であったのだ。

そうだとすると、成果主義を採用していなかった日本的経営とは、官僚制化を拒否するものであったとも言えるであろう。年功制は、企業の官僚制化を阻止するものだったのだ。ところが、古賀はその年功制を批判し、民間企業における官僚制化現象とも言うべき成果主義を行政に導入しようとしているのである。

官の成果主義も虚妄

しかし、成果主義が民間企業にとって虚妄であるならば、その行政への導入もまた虚妄であろう。

高橋が指摘したように、日本企業の人事は「年功序列制」ではなく、昇進・昇格・昇給によって差をつける「年功制」であり、企業内部では激しい競争が展開されている。この点に関しては、官庁も大きくは違わない。

よく知られているように、行政組織内では、特にキャリア官僚と呼ばれる幹部候補生は、定年までの雇用保障が必ずしもなく、彼らの間では、次官や局長、審議官など、限られた「良いポスト」を巡って激しい競争が繰り広げられている。その一方で、良いポストを得られなかった者が自信を喪失しないように配慮した人事管理が行われ、最終的には天下りも保障されている。これによって、成功者からは高いモチベーションを引き出し、成功者以外の者にも挫折感を味わわせずに、組織全体としてのモラールを維持しているのである。

また、年功制の給与体系であるため、キャリア組とノンキャリア組の間の給与差は比較的小さく、ノンキャリア公務員のモチベーションもまた維持されるように工夫されている。[*2]

こうした行政の人事管理は、終身雇用によって社員が仕事に集中できるようにし、給与ではなく次にする仕事の内容の面白さによって報いることで、組織の活力を引き出してきた日本的経営のシステムに近いものがある。

もちろん、このような行政の人事管理は最善のものではなく、弊害もあるだろう。それは、日本的経営のシステムにも問題があるのと同じである。しかし、日本的経営の問題を解消すべく導入された成果主義は、日本企業のパフォーマンスをかえって低下させ、無残な失敗に終わった。その教訓を踏まえるならば、行政への成果主義の導入もまた、公務員の業績をいっそう低下させる結果となるであろうことは容易に類推できるだろう。

高橋は、企業の成果主義は「切る論理」だと指摘している。つまり、企業が短期的な利益の追求に走り、人件費をカットするための口実として、成果主義が使われているというのである。だから、不況になると成果主義の経営論が流行するというわけである。財政赤字の拡大が懸念されている中で、成果主義的な行政改革の人気が高まるのも、同じ構図である。実際、古賀は、成果主義によって公務員の人員も給与も削減できるとしている。

同時に、古賀は、成果主義の導入によって国民本位の官僚が育つようになるとも主張している。しかし、成果主義の下で人件費が下がる理由は、論理的に言って成果が下がるからという以外にはあり得ない。成果主義を導入して総人件費が下がったとしたら、それは成果が低下したということなのである。したがって、成果主義で人件費の削減ができる一方、成果は上がるという議論は、論理的に破綻していると高橋は言う（高橋、一七〇―一七一頁）。この指摘は、実に鋭い。成果主義の行政改革では、公務員の能力を下げる以外に、人件費を削減することはできないのだ。

成果主義の最大の虚妄は、人間の能力を客観的指標によって的確に測定することができるという誤った信念にある。その虚妄がもたらす弊害は、企業経営以上に、行政組織においてひどくなるだろう。なぜなら、企業の目的が営利にある以上、企業人の業績は、生産性、売上、あるいは利潤率などで、正確ではないにせよ一定程度は表現し得るかもしれないが、営利目的ではない公務員の業績はそれすら不可能だからである。

また、「国家百年の計」というように、国家運営の視野は企業経営よりもはるかに長い。理想を言えば、公務員は、自分の定年よりも長い時間、場合によっては寿命よりも長期にわたる視野に立って仕事をする必要がある。したがって、公務員の業績の評価もまた、長期的な観点から行わなければならない。公務員は、自分の定年後になって、場合によっては死後になって、やっと成果となって表れるかもしれないような仕事も手がけなければならないのである。

にもかかわらず、行政管理に成果主義を適用したら、どういうことになるか。公務員は、自分の評価につながるような仕事、すなわち短期的に成果が表れやすく、しかも数値で表現しやすいような仕事しかしなくなる。成果が出るまでに時間のかかる難しい事業や、成果を定量化できない複雑な仕事からは、たとえそれが必要であっても逃げるようになるのだ。

もっとも、誤解に基づく批判を避けるためにあらかじめことわっておくと、現行の年功制の行政管理にも欠陥は少なからずあるのは事実である。例えば、天下りに対する批判には、首肯すべきものもあるだろう。行政管理のみならず企業経営においても、年功制の短所や弊害はあるであろうし、当然、改善の余地がある。そもそも、どんな組織も制度も、不完全な人間が作るものである以上は、完璧なものなどあり得ない。

しかし、ここで確認すべきは、成果主義の導入という古賀の改革案は、現行の年功制に基づく行政を改善するものではなく、改悪するものだということである。現行の行政に問題があることは否定できないが、だからといって、改革であれば事態を悪化させるものであっても正当化できるというわけではない。

人事の一元管理の問題点

もっとも、さすがの古賀も、公務員の仕事は成果が測りにくいことは認めている。では、どのようにして公務員の成果を評価するというのであろうか。少なくとも『日本中枢の崩壊』には、成果を測定する客観的な基準については何も書かれていない。

その代わりに、古賀は「大臣あるいは内閣の意向に添った評価と信賞必罰の人事をセットで導入しなければならない」(古賀、一七〇頁)と主張している。要するに、公務員の成果の是非は、大臣や内閣が判断すればよいというのである。そして、そのための具体的な制度として、内閣人事局を創設し、各省の部長職以上の幹部については内閣人事局が一元的に管理し、直接的に関与するべきだと主張している。古賀は、この内閣人事局創設を政治主導の切り札の一つとしている。そしてこれにより、省庁の垣根を越えた適材適所の幹部人事が可能になり、縦割り行政の弊害も解消されると強調している。

ところが、政治主導の行政改革のあり方を探究する行政学者の新藤宗幸に言わせれば、古賀の提案する内閣人事局など、論外なのである。

第一に、各省の幹部職員は、所属する省庁で三十年程度の長期にわたって勤務することで、その省庁の所管事務・事業に精通し、特殊な専門的行政知識を獲得していく。また、省内の部下との信頼関係も構築していく。このため、幹部クラスで他省に登用されても、未経験で専門外の行政事務を適切に遂行し、組織を上手に運営できる可能性は低い。要するに、適材適所の逆になるのだ。だが、そのようなことは、少し想像力を働かせれば分かるだろう。新藤の例を借りれば、「国土交通省の道路局審議官を文部科学省の初等中等教育局長に登用したとして、円滑な行政など展開できるものではない」(『政治主導――官僚制を問いなおす』ちくま新書、二〇一二年、一六〇頁)のだ。

第二に、より重大なことであるが、政権の意に適う官僚を登用するシステムは、政治家の介入による情実人事を引き起こすおそれが強い。また、幹部職員の側からも、出世のために、特定の政治家にすり寄ったり、特定の政治家集団と癒着したりする者が必ず出てくるだろう。そうなると、政権が交代するたびに、政治の介入によって行政のあり方が大きく変動するようになるので、政策の予測可能性も損なわれることになる。別の側面から言えば、時の政権の判断が間違っている場合であっても、公務員が異論を唱えたり、再考を促したりすることが難しくなるという事態を招くのである。

新藤は、政治主導を実現するためにこそ、公務員の政治的中立性や勤務条件の安定が徹底されなければならないと強調している。「職業公務員集団の制度的安定があってはじめて、時々の政権への補助・補佐機能が有効にはたらき、ひいては政権の政策能力をたかめるのである」(新藤、一七七頁)。

要するに、古賀は、政治主導の意味を完全にはき違えているということだ。しかも、古賀自身が、自ら宣伝しているように、政権交代後の内閣官房長官の意向に逆らったことから、閑職に追いやられる羽目になり経済産業省を去らざるを得なくなったのだから、皮肉としか言いようがない。

従順な官僚の危険性

一般に、官僚は、その時々の政権がどのような政策を掲げていようと、その意向に従順であるべきであり、そして、それこそが政治主導だと考えられている。二〇〇九年の衆議院議員選挙による政権交代の時も、官僚たちが民主党政権の意向に従うか否かが注目された。実際には、官僚の側から、民主党政権に対する目立った反抗はみられなかったが、もし、官僚たちが旧政権時の政策に固執して新政権に対して異を唱えていたら、官僚批判はいっそう盛り上がっていただろう。

しかし、ここでも通俗的な官僚論と、ウェーバーの理論との間にねじれが生じてしまっている。というのも、ウェーバーの理論によれば、どのような政権であれ――つまり「だれかれの区別をせずに」――、その支配の用に供されることこそが、官僚制の本質なのである。ウェーバーは、一切の主観的価値を排し、あらゆる目的への奉仕に徹する官僚制を「精密機械」になぞらえている（ウェーバー、三四四―三四五頁）。

どんな政権が成立しても、官僚たちがその意向に忠実に従うようにする改革は、政治主導の実現とは言えない。むしろ官僚制化の徹底である。もし古賀の提案通りに、公務員の年功制が廃止され、内閣による人事の一元管理が実現したら、日本の行政機構は、今よりもはるかに官僚制化するであろう。

逆に言えば、日本の行政機構は、官僚制化が不徹底であったということだ。だからこそ、大衆の官僚批判が終わりなく続いてきたのである。なぜなら、ウェーバーが見抜いた通り、大衆は官僚制化を望むものだからである。

大衆が飽くことなく官僚を批判し続けるのは、日本の行政が官僚制化しているからではなく、むしろ官僚制化が徹底していないことが不満だからだったのである。なお、日本の行政における官僚制化の不徹底については、第四章において、より詳細に検討する。

官民癒着の帰結

古賀は「回転ドア」方式によって民間人材をより大々的に登用すべきだと主張した。しかし、これもまた、年功制の廃止や内閣人事局の設立に劣らず、実に愚かしい提案である。もちろん、高度に複雑化した社会に対応するために、専門的知識を有する民間人材を登用し、活用することは必要かつ有益であり、それは現行の我が国の行政においてもすでに行われている。ただし、それは、あくまでも部分的・補助的に行われているのであって、官民の多くの人材が自由に行き来できる「回転ドア」にはなっていないのが現状である。

しかし、この「回転ドア」方式は、アメリカにおいて極めて深刻な事態を招いていた。

金融規制に関して最も影響力がある経済学者の一人であるマサチューセッツ工科大学教授のサイモン・ジョンソンは、古賀の著作が出版される少し前に『国家対巨大銀行――金融の肥大化による新たな危機』(ダイヤモンド社、二〇一一年)を刊行した(ジェームズ・クワックとの共著)。その中でジョンソンは、ワシントンとウォール街の間の「回転ドア」方式の人材交流が、政治と金融の癒着を生んだと厳しく糾弾したのである。

ジョンソンによれば、ウォール街の巨大金融機関からワシントンの政府に人材が送られては帰ってくるために、政府の重要な決定は、ウォール街の価値観や志向に深く染まった人間が下すようになった。これにより、金融業界の政治への影響力は、著しく拡大したのである。

政府が大手金融機関から人材を登用する表向きの理由は、もちろん、民間の知恵の活用である。しかし、金融が高度に複雑になり、政策上の問題がより専門性を増すと、政策の立案や運用は、ウォール街の実務経験者の知識に過度に依存せざるを得なくなってしまった。このため、金融規制や経済政策は、金融界の利益になるように設計・運用されることになり、政策当局は、金融機関が利益を確保するためのビジネスの競争の場となった。その結果として、金融市場が過度に自由化され、世界的な金融危機を引き起こす結果となったのである（ジョンソン、一二二―一三八頁）。

官僚は情報や知識を独占し、政治家を操り、政治の意思決定を骨抜きにしていると、しばしば非難される。確かに行政には、重要な情報や知識が集まってくるのであり、官僚は、それらを武器にして行政を運営する側面はあるだろう。しかし、ジョンソンが指摘するように、高度に金融が発達した資本主義においては、官僚は金融機関に優位する専門知識を持ち得ない。それゆえ、官僚は金融機関に操られ、規制は骨抜きにされるのである。実は、このこともウェーバーが指摘していたことだった。

> 官僚制の専門知識に優越するものは、「経済」の領域における私経済的利害関係者たちの専門知識であるにすぎない。それというのも、経済の領域では、精確な実際的知識が、かれらにとってそのまま経済上の死活問題をなしているからである。（中略）そうだからこそ、資本主義時代において、官庁が経済生活におよぼす影響は、ごくせまい範囲にかぎられ、また、この領域における国家の施策は、ひじょうにしばしば、考えも企てもおよばなかった方向にそれてしまうか、それとも、利害関係者の卓越した専門知識によって、骨抜きにされてしまうのである。（ウェーバー、三五〇頁）

経済に関する真の知識は、経済の中で生計をかけて働くことを通じてのみ、得ることができる。官僚が企業の現場を知り、実践的で専門的なビジネスの知識を得ることは不可能なのだ。官僚が民間経済に対して行使できる影響力は、この官民の間の情報の非対称性ゆえに、限定的なものとならざるを得ない。このため、資本主義においては、官が民に対して優位に立つことはできないのである。世間では、官僚は、しばしば「経営の現場を知らない」と批判される。それは、その通りである。しかし、官僚が現場の知識において劣るからこそ、官主導の資本主義などはあり得ないということなのだ。

ところが、アメリカの「回転ドア」方式は、ただでさえ専門的知識において優位に立ち政策を骨抜きにしてしまう民間の利害関係者を、政府内に大量に招き入れたのである。そのようなことをすれば、行政が利害関係者にからめとられ、規制が私的に利用されてしまうのは、火を見るより明らかである。そして、現にそうなっている。古賀は、官民の癒着を執拗に批判しているが、彼が推奨する「回転ドア」方式こそ、官民癒着の原因となり得るものなのである。

この民間企業の私益によって規制が歪むという現象については、日本でも類例がある。しかも、それは古賀の『日本中枢の崩壊』の中に登場するのである。

改革が招いた癒着

この本で、古賀は自身の官僚としての仕事ぶりを振り返っているが、その中で、産業組織室長だった際、村山内閣の下に設置された「行政改革委員会規制緩和小委員会」の裏方として働いていた経験について触れている。この小委員会は橋本内閣では「行政改革推進本部規制緩和委員会」となるが、その委員長を務めたのが、オリックスの宮内義彦社長

（当時）である。宮内は、小泉内閣下では「総合規制改革会議」の議長に就任し、二〇〇四年には「規制改革・民間開放推進会議」の議長となっている。宮内は十年以上にわたって政府の審議会の長として、規制緩和の旗を振り続けたのである。古賀はこうした規制緩和の流れを作る動きを、日本経済団体連合会（経団連）とともに進めたと述べている。

しかし、小泉政権下の審議会で実現した規制緩和の中には、信託業務や保険商品取扱いなど、オリックス・グループや宮内が会長を務めていたリース事業協会の利害に関係するものがあった。また、「規制改革・民間開放推進会議」は混合診療を打ち出したが、オリックス生命は医療保険分野にも進出していた。宮内は、自身が長を務める企業が関わる分野の規制緩和を推進してきたのだ。そのため、宮内には利益誘導という疑惑や批判が絶えず向けられ、宮内は二〇〇六年に任期を残したまま議長の座を退いた。[*3]

古賀は、宮内委員会の裏方として規制緩和に邁進したことを、自慢話のように披露している。しかし、もし宮内が利益誘導を行っていたのであれば、この古賀のエピソードは、官僚が民間企業にからめとられ利益誘導に手を貸して規制を改悪した例だということになろう。少なくとも宮内委員会が、民間の利益誘導や官民癒着を招きやすい仕組みであったことは間違いない。

こうみてくると、改革派を自任する古賀の議論は、滑稽ですらある。官僚制を批判しながら、さらに官僚制化を徹底すべきだと論じ、官民の癒着を非難しながら、それを悪化させる改革案を唱える。民間企業が成果主義を導入して失敗したことも知らず、それをより成果主義になじまない行政に適用しようとする。ウェーバーの官僚制の理論も知らなければ、「回転ドア」方式がアメリカで世界金融危機を引き起こしたばかりであることも知らない。その上、自身が現役官僚であったときに、民間企業による利益誘導に手を貸していた可能性すらあるのに、それをむしろ自慢話として吹聴している有様である。

古賀は、自分の改革案が政府内で受け入れられなかったのは、既得権益にしがみつく官僚に抵抗されたからだと信じているようだが、それ以前に、そもそも、彼の制度設計が根本的に間違っていたのである。

官僚制化する政治

古賀茂明ら「改革派」や、彼らを支持する大衆が求める行政改革は、むしろウェーバー的な官僚制化を徹底させようとするものであった。さらに深刻なことに、大衆は「政治主導」を求めながら、政治に対しても官僚制化を要求していたのである。

そもそも、ウェーバーは、官僚制化現象を行政のみならず政党組織にも観察していた。官僚制的な職業集団としての党組織をもった政党が、個人的な関係や個人的な威信を基礎にする名望家的な古いタイプの政治家を駆逐していったのである。政治が官僚制化していったのだ。

この政治の官僚制化現象は、日本においても著しく進行していた。例えば、民主党が「古い自民党の政治」を破壊するための武器として持ち出したのは、いわゆる「マニフェスト」である。民主党は、二〇〇九年の衆議院議員選挙において、このマニフェストによって政権交代を果たしたと言ってもよい。

政党が選挙の際に、有権者に対して「選挙公約」を掲げることは従来からあった。しかし、これまでの選挙公約とは違い、マニフェストが画期的とされたのは、具体的な政策が詳細に記載され、しかも政策実現に向けての数値目標や工程表が明記されているからである。マニフェストの提唱者として知られる北川正恭は、マニフェストには「数値目標、期限、財源、工程表」が必要だと強調している。[*4]

また、経済同友会は、二〇〇九年の衆議院議員選挙の直前に公表した意見書「各党の『政権公約（マニフェスト）に望む』」の中で、マニフェストを「国民との契約」であると定義した上で、マニフェストが充たすべき要件の一つとして次のように述べている。

マニフェストには、将来ビジョン（目指す「国のかたち」）と、その実現のための具体的な政策を併記する。尚、具体的な政策項目では、「優先順位」、「手段」、「財源」、「工程表（スケジュール）」、「定量的目標値の設定」、「定期的な検証体制（フォローアップ体制）の構築」なども明記する。[*5]

「定量的目標値の設定」「工程表」「定期的な検証体制の構築」……。こうした提案の根底にあるのは、明らかに成果主義の発想であり、そして「計算可能な規則」に従うという官僚制化の理念そのものである。奇妙なことに、経済同友会は、企業経営において失敗に終わった成果主義の導入を政党に求め、政治の官僚制化を望んでいるというわけだ。

もし、有権者から選択された政党が政権の座に就いて、マニフェストに記載された「定量的目標」と「工程表」をこなしていくのであれば、官僚制的行政組織さえあれば十分である。国会における議論も政治家の間の調整も一切必要がなくなる。こうして、政治が不要になり、官僚制的支配が確立するのである。

民主党は、「官主導から政治主導へ」を目指しながら、他方でマニフェスト選挙という政治の官僚制化を掲げていたのである。しかも、大衆もまた、官主導からの脱却を望みながら、この政治の官僚制化を支持して民主党政権を成立させた。ウェーバーが見抜いた通り、大衆は官僚制化を欲していたのである。

だが、企業経営において成果主義という官僚制化が破綻したように、マニフェストという政治の官僚制化も失敗に終わる。なぜなら、政治が目指す理想のほとんどは、定量的な目標では表現できないものだからだ。例えば「豊かな社会」を目指すと言っても、心の豊かさや自然の豊かさのように、GDP（国内総生産）やその他の指標では正確に表せないものがたくさんある。定量的な目標設定は、そういった定量化できない質的な理想を排除することになるのである。

マクナマラの挫折

この点に関し、ロバート・マクナマラの人生は、非常に示唆に富む。マクナマラは、フォード社の社長の後、ケネディ政権とジョンソン政権において国防長官に抜擢された、いわゆる「ベスト・アンド・ブライテスト」である。彼は、統計的データを重視し計量的手法を駆使した合理化を得意としたことから、「足のついたＩＢＭの機械」とも呼ばれ、一九六〇年代までは極めて高く評価されていた。このニックネームは、ウェーバーが官僚制をなぞらえた「精密機械」を連想させるものである。

しかし、ヴェトナム戦争の遂行に関して、マクナマラの合理的な経営手法は通用しなかった。問題は、マクナマラが定量的なデータに依存した合理的な分析に頼り過ぎたために、ヴェトナム人たちの抵抗の動機、希望、怨念、そして勇気といった定量化できないデータを見過ごしたことにあった。また、集まってきたデータそのものにも欠陥があった。戦争の前線の指揮官たちが、自分たちに都合のよい希望的観測によって歪められた情報を上げてきたからである。こうしてヴェトナム戦争が無残な失敗に終わると、マクナマラの名声は地に堕《お》ちてしまったのである[*6]。

未来は不確実であり、社会は複雑であるのに対し、人間の予測能力や知識には限界がある。そのため、マニフェストにおいて目標や工程表を設定したとしても、予測不可能な事態が起きたり、新たな事実が明らかになったりすれば、そのマニフェストは直ぐに不適切なものとなり、定期的な検証をする意味すらなくなってしまう。政治とは、理性の限界の中で、未来の不確実さと社会の複雑さと格闘するという難しい営みである。また、人間の行動は、理性のみに従うのではなく、希望や絶望、楽観や悲観、共感や怨念などによって左右される。そのような人間から成り立つ社会を、予め定めた計算可能な規則、定量的な目標、工程表、検証体制などで管理できるはずがないのである。

無責任な政治家

経済同友会は、マニフェストを「国民との契約」であるとして、政治家に契約を確実に履行することを要求している。しかし、ウェーバーによれば、契約を誠実に履行するのは、政治家ではなく、官僚に求められる倫理なのである。政治家に求められるのは、規則や命令に忠実であることよりも、不確実性や困難にもかかわらず決断を下し、そして自らが下した決定に対する責任から逃げないことである。マニフェストを忠実に履行するだけの政治家は、本当の政治家ではなく、官僚に過ぎないのだ。ウェーバーは言う。

倫理的にみて高潔な性質をもった官吏は、えてしてくだらない政治家であるものだ。かれは、なによりもことばの政治的な意味で無責任な政治家であり、また、この意味で倫理的におとった政治家なのである。――残念なことに、われわれは、そのような政治家が指導的な地位についているのを何回となくみてきている。これこそが「官僚支配」と呼ばれるものにほかならない。（ウェーバー、四九四頁）

政権交代を実現したマニフェスト選挙から三年が経った二〇一二年、政治は混迷を極めている。民主党は、自らが掲げたマニフェストをほとんど実現できなかったということで批判されている。しかし、マニフェストを実現できなかったことが問題なのではない。マニフェストを掲げたことが問題なのである。マニフェスト選挙とは、「官僚支配」を実現するものだからだ。そうであるならば、マニフェスト選挙で選ばれるのは、「くだらない政治家」「無責任な政治家」「倫理的におとった政治家」になるに違いない。ウェーバーならば、間違いなくそう言ったであろう。

＊1――マックス・ウェーバー『現代社会学大系　第5巻　社会学論集――方法・宗教・政治――』青木書店、一九七一年。
＊2――村松岐夫『行政学教科書（第2版）』有斐閣、二〇〇一年、一八四――一九二頁。
＊3――東谷暁『金より大事なものがある――金融モラル崩壊』文春新書、二〇〇六年、第六章。

＊4―北川正恭『マニフェスト革命――自立した地方政府をつくるために』ぎょうせい、二〇〇六年。

＊5―社団法人経済同友会代表幹事・桜井正光「次期衆議院総選挙　各党の『政権公約（マニフェスト）』に望む」二〇〇九年六月二十三日。

＊6―Phil Rosenzweig, 'Robert S. McNamara and the Evolution of Modern Management: Lessons from one of the most controversial managers in modern history,' *Harvard Business Review*, December 2010, pp. 87-93.

第二章　官僚制化する世界

マクドナルド化

社会学者のジョージ・リッツァーは、ウェーバーの官僚制の理論を現代社会の分析に応用して、グローバル市場に広がる官僚制化現象を明らかにしている。[*1] 彼は、この現象を「マクドナルド化」と呼んでいる。「マクドナルド」とは、世界で最も有名なハンバーガー・ショップのマクドナルドのことである。リッツァーは、マクドナルドの経営スタイルがファスト・フードのみならず、他の業種のビジネスにも浸透し、かつグローバルに拡大していることを鮮やかに示した。マクドナルド化とは、グローバル化の典型的な形態なのである。

しかし、マクドナルド化がグローバル化であることは明らかであろうが、なぜマクドナルド化が官僚制化なのであろうか。

リッツアーによれば、マクドナルドの経営スタイルは、ウェーバーが抽出した官僚制的組織の特質に酷似しているというのである。

マクドナルドのビジネス・モデルには、次の四つの特徴がある。

第一に、「効率性」である。マクドナルドの従業員は、定型的で無駄のない流れ作業に従って、まるでマシーンのように動くように訓練されている。調理場では、従業員が工場の生産ラインのようにパンにハンバーグやチーズ、ピクルスを効率的に載せ、フライドポテトを時間と温度で厳密に管理している。さらにマクドナルドが編み出したサービスである「ドライブ・スルー」に至っては、車のエンジンを止めて降りる手間すら省かせ、消費者に商品を届けるという、徹底した効率化を追求している。

第二に、「計算可能性」である。マクドナルドのシステムでは、サイズやコストといった数値が評価の基準となる。コマーシャルでも、商品のボリューム、割安感、商品が出てくるスピードが強調されている。

第三に、「予測可能性」である。マクドナルドのハンバーガーは、いつ、どの店舗で注文しても、同じ味であり、予想を裏切るような驚きは一切ない。消費者各人のニーズに合わせて味を変えることもない。何から何まで完全に画一的なのである。

第四に、「支配」である。マクドナルドのメニューは限定的で、消費者の選択肢が極端に少ない。言わば、店側が客の選択を支配しているのである。また、椅子は座り心地が悪い。これらは、客が店に長居しないように操作して回転をよくし、利益率を高めるための仕掛けなのである。

マクドナルドは、この「効率性」「計算可能性」「予測可能性」「支配」の四つの特徴をもつ経営スタイルのおかげで大成功を収め、今や世界中に店舗が広がっている。また、その経営スタイルは、ケンタッキー・フライド・チキンやピザハットといった他の飲食業のみならず、ウォルマート、トイザらス、IKEA、あるいはディズニーランドなど、さまざまな業種に伝播し、グローバルに拡大していった。また、経営手法のみならず、製品についても、マイクロソフト社のソフトウェアやアップル社のiPhoneなど、ビッグマックと同じように、グローバルに規格統一された画一的な製品が世界市場を席巻している。どこの国のどの店かを問わず画一的なマクドナルドこそ、まさにグローバル化の申し子であると言えるだろう。

そして、マクドナルドの強さの源泉である「効率性」「計算可能性」「予測可能性」「支配」は、ウェーバーが官僚制の中に見出した特徴そのものなのである。マクドナルド化とは市場に適用された官僚制化であったのだ。

グローバル化とは官僚制化

市場の官僚制化というと、奇異に聞こえるかもしれない。しかし、ウェーバーは、市場における利潤追求行動は、実は官僚制化と極めて親和性が高いと述べている。というのも、官僚制の特質は、「だれかれの区別をせずに」、一律の定型によって物事を処理していくところにあるのだが、「ところで、『だれかれの区別をせずに』ということは、『市場』およびいっさいの露骨な経済的利害追求一般の合言葉でもある」(ウェーバー、三二五頁)からだ。

市場こそが、官僚制的支配の領域なのである。ここでまた、日本における官僚制を巡る議論の倒錯が浮き彫りになる。なぜなら、一九九〇年代以降、いわゆる構造改革論者たちが声高に叫んできたスローガンは「官から民へ」である。構造改革論者たちは、「小さな政府」を理想とし、規制緩和、自由化、民営化によって官僚制の活動領域を狭め、市場の領域を拡大しようとしてきた。彼らは、「官僚制」と「市場」とを対立するものとしてとらえていたからである。

しかし、ウェーバーは、官僚制化を「官」だけでなく「民」にも及ぶ現象としてとらえていた。しかも、近代資本主義社会においては、企業組織のみならず市場も官僚制化しているのだ。

近代社会においては、市場取引は、特定の顔が見える顧客より、不特定多数の消費者を相手にするビジネスが中心となる。そのような大規模な市場における商取引には、作業の精確さや迅速さが求められる。さらに、交通手段や通信手段の発達により、商取引における事務処理量は増え、反応速度はますます迅速化を迫られるようになっている。

そうなると、市場においては、大量の取引を「だれかれの区別をせずに」「計算可能な規則」に従って、精確かつ迅速に処理していくしかなくなるだろう。こうして、近代的な市場における経済活動は、官僚制化していくのである。実際、市場においては、企業や労働者の価値は、それぞれ株価や賃金といった定量化された基準によって決められている。貨幣とは「だれかれの区別をせずに」用いられる道具であり、市場の「計算可能な規則」とは、金銭的利益である。市場は、「だれかれの区別をせずに」「計算可能な規則」に従うという官僚制の特徴を顕著に示しているのである。

民間における官僚制化というと、大企業のようなヒエラルキーをもった大規模な組織のことが連想されるかもしれない。確かに、大企業も官僚制化された組織であり、ウェーバーの時代には、第二次産業革命によって重工業が発展し、巨大な官僚制的組織をもった大企業が出現していた。しかし、こうした大企業組織は、もはや時代遅れである。いわゆる「ポストモダン」派の論者たちはこのようにとらえて、ウェーバーの分析は過去のものになったとみなしてきた。[*2]

しかし、ウェーバーの官僚制化現象の理論の射程は、大企業組織にとどまらない。官僚制化現象の要諦は、その没主観性と計算可能性にあるのだが、市場こそが、没主観性と計算可能性の原則に貫かれているのである。

その没主観性と計算可能性という官僚制の原則を徹底したのが、まさにマクドナルドである。そしてマクドナルド化は、あらゆる業種や商品に及び、グローバルな市場に浸透している。現代の資本主義とは、ウェーバーを時代遅れにしたポストモダン的状況であるどころか、その反対に、ウェーバー的な官僚制の全盛期なのである。

構造改革論者が、「官から民へ」をスローガンに行政の役割を制限したり、規制緩和や自由化によって市場の領域を広げたり、あるいは大企業組織を解体したりしても、それは官僚制化現象を後退させることにはならない。むしろ、市場の拡大は、官僚制化を強化することにほかならない。

その意味で、構造改革とは、経済社会全般の官僚制化を促進するものであって、その支持者がどう思っているかにかかわらず、社会学的に見れば、反官僚制的なものではまったくないのである。構造改革論者の「官から民へ」の看板には、偽りがあるのだ。

マクドナルド化は非人間化でもある

さらに、マクドナルド化が、ウェーバーの言う官僚制化現象であるならば、官僚制化とは、実はグローバル化になじむものであるということになる。

官僚と言えば、一般的には国家官僚が連想される。また、国家官僚は、グローバル化という変化には消極的であり、むしろ抵抗するようなイメージがある。反対に、官僚制を批判する「改革派」と言えば、たいていはグローバル化には積極的である。改革派は、既存の官僚制度ではグローバル化に対応できないから、行政改革が必要だと主張するのである。

そうした通俗的なイメージからすると、官僚制がグローバル化と親和性が高いという議論には違和感を覚えるかもしれない。しかし、その違和感は、マクドナルドがなぜグローバル化し得たのかを理解すれば、たちどころに氷解するだろう。

マクドナルドがグローバル化したのは、その経営スタイルが、国や地域ごとの違いに関わりなく、画一的だからである。官僚制化の特徴は、ウェーバーが強調したように「だれかれの区別をせずに」というところにあるが、それこそがマクドナルドの方式である。「だれかれの区別をせずに」ということは、「従業員や顧客の国民性を問わず一律に」、つまり「グローバルに」ということである。

さらに、マクドナルド化は非人間化でもある。ウェーバーは、官僚制化の特質として没主観性そして非人間性を挙げたが、リッツァーもまた、「マクドナルド化が不合理で、最終的には不当であるとみなされる主な理由は、それが非人間化する傾向をもつことにある」(Ritzer, p.154) と指摘している。

例えば、ファスト・フード店の業務(「マック・ジョブ」)は、単純作業の反復であるため、従業員には、特殊なスキルをもつ必要もなければ、創造的であることも許されない。そのため、ファスト・フード店の労働者は、仕事から満足を得ておらず、疎外感を味わい、欠勤しがちであり、また離職率が高い。マクドナルド化した産業の労働市場は、流動的なのである。

マック・ジョブは、簡単なマニュアルに従う訓練さえ受ければ誰でもできる。つまり、企業からすれば、労働者を部品のように、いつでも取り換えることができる。単純作業の反復が不満で勤務態度が悪いというのであれば、その労働者を解雇して、別の労働者を雇えばよいのである。これは、一見すると、企業にとっては合理的であるようにみえる。しかし、労働市場が流動的で、従業員の勤務が長続きしないということは、雇用や訓練のコストも累積していくということである。マック・ジョブは、前章で参照した成果主義のように、一見すると合理的でありながら、実際には不合理な結果をもたらしているのである。

ファスト・フード店の客もまた、非人間化されている。店の回転率を上げる目的で設計された画一的で座りにくい座席で、客は、工場の流れ作業のようにハンバーガーを機械的に消化していくだけである。出されるものには一切、意外性はない。店員と客との会話ややり取りも定型化している。食事を味わったり、楽しんだりするような経験は一切ない。

このように、マクドナルドは、画一性や計算可能性を追求することで、まさに官僚制と同様に、非人間化を引き起こしているのである。そして、マクドナルド化は、この非人間化ゆえに、グローバル化することに成功したのだ。マクドナルド化とはグローバル化の典型であるが、グローバル化とは官僚制化であり、そして非人間化なのである。

国際機関によるグローバル化

マクドナルド化とはグローバル化であり、官僚制化であり、そして非人間化である。そのことは、企業戦略のみならず、マクロの経済運営のあり方にも顕著に表れている。その端的な例が、九〇年代以降の国際通貨基金（ＩＭＦ）にみられる。

グローバル化は、東西冷戦の終結という国際秩序の大きな転機と深く関係している。九〇年代、東側陣営が崩壊する一方で、アメリカ経済は好調に転じた。このため、アメリカが標榜する価値観、あるいはシステムこそが普遍的であるというイデオロギーが強力になり、世界を席巻するようになった。各国の政治経済システムは、政治的にはアメリカ型の民主主義、経済的にはアメリカ型の市場経済へと収斂する、あるいは収斂させるべきであるというイデオロギーである。

こうしたイデオロギーを背景に、九〇年代以降、旧ソ連・東欧諸国、中南米、アジア諸国といった新興国は、アメリカ型の価値や制度、あるいはルールを受容して、急進的な構造改革を進めて行った。これらの構造改革は、新興国の政府自身が自ら望んで進める場合もあれば、貿易や投資あるいは人的移動など民間経済活動のグローバル化を通じて進む場合や、アメリカ政府やＩＭＦのような国際機関の圧力によって半ば強制的に進められる場合もあった。

ＩＭＦは、新興国に対して資金援助を行う国際機関であるが、援助を行う条件として、「コンディショナリティ」と呼ばれる政策要求を突き付ける。このコンディショナリティを通じて、新興国に対して、財政健全化、規制緩和、民営化、貿易自由化、外資導入の促進など、アメリカ型の市場経済のルールを受け入れさせるのである。これら一連の政策は、「ワシントン・コンセンサス」と呼ばれている。

しかし、九〇年代以降のこうした潮流に従って、金融市場の開放を実施した中南米、ロシアあるいはアジアの新興諸国は、その多くが激しい通貨危機に見舞われることとなった。そして通貨危機は、各国の経済のみならず、社会や政治体制の崩壊をもたらした。とりわけ、九七年から九八年にアジア通貨危機が勃発すると、新興国にアメリカ型の市場経済のルールを押し付けるＩＭＦの手法を批判する議論が盛んになった。

世界的に著名な経済学者であり、世界銀行のチーフ・エコノミストも務めたジョセフ・スティグリッツは、そうした議論の代表格である。[*3]

スティグリッツは、新興国に政策要求を行うＩＭＦのエコノミストたちは、画一的な(one-size-fits-all) アプローチを採用していると批判した。つまり、ＩＭＦのエコノミストたちは、援助対象国に固有の政治や経済、社会事情をまったく考慮せずに、どの国に対しても同じように「ワシントン・コンセンサス」にのっとった処方箋を突き付けるというのである。

「ワシントン・コンセンサス」のベースとなっているのは、アメリカの主流派経済学の理論である。アメリカの大学で主流派経済学の理論のトレーニングを受ければ、開発途上国それぞれの文化や歴史についてまったく無知であっても、誰でもＩＭＦのエコノミストになることができ、各国に対して政策を処方することができてしまうのである。

だから、ＩＭＦのエコノミストたちは、先にレポートの原案を書いてから、援助対象国に向かう。現地に行くのは、レポートの内容を若干修正するために過ぎない。以前に他の国について書いたレポートのうち、国名だけをワープロソフトの置換機能を使って置き換えるだけに等しいのである。

国際機関の官僚制化

開発経済学者の大野健一もまた、スティグリッツと同様の立場に立って、国際援助機関の画一的な手法を批判している。*4

開発途上国の経済は、長い歴史を経て何重にも塗り込められた複雑で個性的な社会の基層構造と密接に結びついている。したがって、その国の社会の基層構造を無視して、外来のシステムである市場経済を導入しても、うまくいかないはずである。ところが、IMFや世界銀行などの国際機関のエコノミストたちは、各国の歴史が築き上げた基層構造を考慮しようとはしないというのである。

この点に関し、大野は、世界銀行のチーフ・エコノミストであったアン・クルーガーと交わした論争について言及している。クルーガーは、ある会議の場において、フロアからの質問に応えて「IMFや世界銀行が歴史を研究するのは時間の有効な使い方だとは思われない」と発言したというのである。

また、国際機関の研究には、何十カ国ものデータを回帰分析し、市場開放の進捗と経済成長との間に正の相関関係があることを示して、もって「すべての国は大胆な市場自由化政策を採用すべきである」と結論付けるようなものが多い。しかし、相関関係は、因果関係とは同じではない。当初から市場経済に近い経済システムをもっていた国であれば、市場経済にスムーズに移行して経済成長を遂げることができるのは、当然のことである。しかし、だからといって、市場経済をもたない国が市場の自由化を進めれば経済成長を達成できるとは言えない。そもそも、歴史的に形成された社会や文化と複雑に結びついた各国固有の経済状況を無視して、単に統計的な数値だけを根拠にして、問題を解決できるはずがない。大野は「具体的な問題の複雑さとじっくり付き合った人ならば、各国を入力データとしてのみ扱う実証分析の『結論』が政策決定の最前線ではほとんど役に立たないことを知っている」（大野、三八頁）と述べている。

こうした国際機関のエコノミストたちの思考と行動のパターンには、まさにマクドナルド化＝官僚制化の症状が顕著に表れているのではないだろうか。

アメリカの大学院で経済理論を学び、経済モデルの動かし方を習得しさえすれば誰でも、どんな国に対しても、その国固有の社会事情や文化に関して深く知る必要もなく、画一的に経済政策を処方することができる。それは、マクドナルドの従業員が、一定のマニュアルをマスターしさえすれば誰でもチーズバーガーの調理ができ、どの国のどんな客に対しても、同じ味、同じ大きさのチーズバーガーを提供できるのと同じである。また、エコノミストによる統計的な手法への偏重は、計算可能な指標に依存するマクドナルドや官僚制と同じである。

そして、そのマクドナルド化され、歴史や文化を無視した経済政策は、新興国の経済社会を崩壊させ、マクドナルド化＝官僚制化の恐るべき特質である「非人間化」をもたらした。人間とは、歴史や文化を背負った存在である。その歴史や文化を無視した経済政策を強制すれば、もたらされる事態が非人間化であるのは当然である。

経済学の官僚制化

マクドナルド化したのは、国際機関のエコノミストたちだけではない。彼らが依拠する主流派経済学そのものが、徹底的にマクドナルド化、そして官僚制化されていたのである。主流派経済学（あるいは新古典派経済学）は、次の三つの特徴をもっている。第一に、「人間は自己利益を追求するように行動する」という人間観を前提にしている。第二に、経済理論の数学的な定式化を目指している。第三に、仮説の検証は、統計データによって行わなければならないとしている。

主流派経済学者は、この三つの特徴を備えることが科学的であることの要件であると信じている。しかし、実際にはこの三つの特徴は、科学的なのではなく、官僚制的なのである。

まず、一点目からみてみよう。主流派経済学は、自己利益を追求するように行動する利己的個人を仮定した上で、そのような利己的個人の行動の結果、市場は価格メカニズムを通じて需要と供給を一致させる均衡状態に達するとしている。この市場均衡こそが、主流派経済学の中核にある定理である。

主流派経済学は、人間を同質的な利己的個人とみなし、自己利益以外の目的を追求するような人間を想定しないのである。そこには、「時代や場所や状況にかかわらず、一般的に妥当する理論こそが科学的である」という科学観がある。そして、物理学における原子のように、人間を同質的な動きをする因子に還元することが、理論の一般化であると信じているのである。

しかし、現実の人間は、必ずしも自己利益だけを追求する存在ではないし、同質的でもない。経済活動においてすら、自己利益以外の目的のために行われるものはいくらでもある。例えば、震災の被災者に対する義援金は、利己的ではない経済行動の結果であろう。婚約指輪の交換は、経済学的には財の交換かもしれないが、それは婚約を象徴する儀式であって、自己利益追求行動の結果ではない。あるいは会社で働くことにすら、給料を得るためだけではなく、仕事を通じて社会に貢献するといった意義が含まれている。

要するに、利己的個人の想定は、人間の真理に反しているのである。したがって、そのような利己的個人のみを想定した経済分析は、真理に近づこうとする営為としての「科学」に背くものであろう。

　画一的な利己的個人を前提とした市場理論は、科学的というよりはむしろ、官僚制的である。なぜなら、市場理論が前提とする人間観の画一性とは、官僚制の特徴そのものだからである。まさに、ウェーバー自身が言ったように、「『だれかれの区別をせずに』ということは、『市場』およびいっさいの露骨な経済的利害追求一般の合言葉」なのである。

主流派経済学は科学ではない

　二点目の理論の数学による定式化についてはどうか。数式化は、社会科学の中でも、主流派経済学に際立った特徴である。実際、主流派経済学の論文や教科書は、まるで自然科学のように、数学の定理や数式で埋め尽くされている。

　この主流派経済学の数式化の背景には、「経済学が科学たり得るためには、数学を用いなければならない」という科学観がある。数学的な論理は、時代や場所や状況に関係なく、普遍的であるという性格をもつ。それゆえ、数学による定式化こそが、理論が普遍的な真理を指し示す「科学」であることを担保する。主流派経済学は、政治学、社会学、人類学とは異なり、数学による定式化に成功した。それゆえ、主流派経済学こそが真の「科学」

なのである。主流派経済学者たちは、そのように考えているのである。

しかし、現実の社会は複雑かつ多様であり、数学的な定式化によって一律に説明できない現象はいくらでもある。例えば、アメリカ、ドイツ、日本、イタリア、中国では、企業経営のスタイルがまるで違う。同じ企業経営であっても、それぞれの国の文化や歴史、政治制度の違いによって異なってくるのである。したがって、社会学や人類学がある国の経済を分析するような場合であれば、その国固有の歴史や文化の姿を叙述しようとする。

だが、数学的定式化を追究する主流派経済学者は、各国の文化や歴史の違いを分析の対象から捨象するか、あるいは極端に単純化・形式化してしまう。なぜなら、各国固有の文化や歴史というものは、数学的に定式化することが困難だからだ。

主流派経済学者は、数学的な定式化こそが科学であると信じている。しかし、数学的定式化のために、社会の複雑な現実の方を捨象してしまうようでは、社会の真理に近づくことはできない。つまり、ここでも主流派経済学は、科学であることから遠ざかってしまっているのである。

主流派経済学が執着する数学的定式化もまた、科学的というよりは、むしろ官僚制的と言うべきであろう。なぜなら、数学的に定式化された理論、つまり時代や場所や状況に無関係であり得るということは、要するに「だれかれの区別なく」ということであり、それこそが官僚制の特徴であるからだ。

三点目の統計データによる検証についても、同様である。主流派経済学者たちは、科学的な仮説は、統計的事実と照合できるものでなければならないという素朴な科学観を抱いている。しかし、統計データと事実とは同じではない。統計が整備されていないような事実や、そもそも統計によって表現できないような事実はいくらでもある。そのような事実に関する仮説は、統計データによって検証することは不可能である。だが、科学的な仮説は統計データによって検証できなければならないと信じる主流派経済学者たちは、統計では検証できない事実を分析の対象から排除してしまう。言い換えれば、主流派経済学者は、真理に近づくこと、つまり科学的であろうとすることを放棄してしまっているのである。そして、ここにもまた、統計データによる検証という「計量可能性」に固執する主流派経済学の官僚制的性格が表れているのである。

主流派（新古典派）経済学に批判的な経済学者のアルフレッド・S・アイクナーは、次のように述べている。「学問の一領域としての経済学には、次のいずれかの選択肢しかない。新古典派経済学の理論の中核を維持するか、さもなければ、いつの日か科学となってみせるか、である」[*5]。

主流派経済学は、理論を数学的に定式化し、それを統計データによって検証することを「科学的」だと信じ、それを実現した主流派経済学こそが真の社会「科学」であると誇ってきた。しかし、それは、科学的なのではない。単に官僚制的だったのである。

反ケインズ革命の意味

主流派経済学の市場均衡理論、数学的定式化、そして統計による計量化は、戦後のアメリカにおいて発達し、特に一九八〇年代あたりから加速化し、九〇年代には極端なまでに推し進められた。要するに、経済学の官僚制化が徹底していったのである。

標準的な経済学説史に従えば、戦後の経済学は、主としてアメリカにおいて発達を遂げ、おおむね次のような経緯をたどってきた[*6]。

二十世紀初頭まで、経済学の主流を占めていたのは、市場均衡理論を基礎とし政府による経済介入に消極的な、いわゆる新古典派経済学であった。しかし、一九二〇年代の世界恐慌の経験を経て、経済を市場に任せるのではなく、政府が積極的に介入する必要があるという考え方が有力になった。特にジョン・メイナード・ケインズが登場して政府の裁量的な財政金融政策を理論化すると、ケインズの理論が一世を風靡することとなった。このパラダイム・シフトは、「ケインズ革命」と呼ばれている。こうして戦後は、ケインズの理論の流れをくむケインズ主義あるいはケインズ経済学が、経済学の主流となった。

アメリカにおいては、ケインズ経済学は、ポール・サミュエルソンらによって新古典派経済学との折衷が試みられた。ただし、この新古典派経済学と折衷されたアメリカのケインズ経済学は、ケインズ自身が構想した経済学とは異なるものであった。ケインズは、将来が不確実であるというのが現実の常態であると考え、不確実性を理論の中核に据えた。これに対し、アメリカのケインズ経済学は、理論の中から不確実性という要素を捨象した。将来が不確実な中で人間が経済活動を行うということでは、経済理論を数学的に定式化し、体系化することができないからである。アメリカのケインズ経済学は、経済の現実を理解することよりも、理論の定式化を優先させたのである。言い換えれば、ケインズはアメリカでマクドナルド化(官僚制化)されたのである。

こうして理論の定式化・マクドナルド化に成功したアメリカのケインズ経済学は、経済学界において主流の地位を獲得することとなった。経済政策もまた、それに従って運営されるようになった。市場が均衡状態から逸脱して不況となり、失業が発生すれば、政府が定式化された理論モデルに基づく財政金融政策によって微調整を行い、雇用を創出して不況を克服すればよい。そうすれば、市場は再び均衡する。これが、アメリカのケインズ経済学に基づく経済政策の考え方であった。

しかし、一九七〇年代の石油危機などを契機としてインフレ、そしてインフレと不況の同時進行であるスタグフレーションが発生し、先進各国がこれに苦しむようになると、ケインズ経済学に対する不信感が喧伝されるようになった。こうした中で、ミルトン・フリードマンらに率いられた新古典派の経済学が台頭した。新古典派経済学は、市場原理を強調してケインズ主義的な政府の裁量による財政金融政策の無効を宣言し、経済学の主流派の座に就いたのである。いわゆる「反ケインズ革命」である。

もっとも、ケインズの本来の理論が、アメリカのケインズ経済学と似て非なるものである以上、アメリカのケインズ経済学の失敗が、ケインズの理論の無効を意味するとは必ずしも言えないはずである。失敗したのは、あくまでもマクドナルド化・官僚制化したケインズ経済学だからである。むしろ、アメリカのケインズ経済学が、ケインズを誤解して、不確実性という要素を捨象してしまったことこそが、反省されるべきであった。だが、そうはならなかった。それどころか、主流派となった新古典派経済学は不確実性の要素をさらに徹底的に排除し、市場原理の確実性に全幅の信頼を置くものであった。

異様な経済モデル

さらに一九八〇年代になると、この新古典派経済学の主張をより先鋭化させた理論が経済学界を席巻することとなった。その理論の根底にあるのは、「マクロ経済学のミクロ的基礎づけ」と呼ばれる考え方である。その概略は、次のようなものである。

まず、自己の利益を最大化するように合理的に行動する同質的な個人が想定される。そして、マクロ経済は、そのような同質的な個人の集合から成り立っているとみなされる。その合理的な利己的個人は、マクロ経済に関する情報を完全に入手でき、将来については合理的に予想を形成することができる能力をもつ。これに、価格が需要と供給を一致させるように自在に変化するという市場均衡理論の仮定が加えられる。これが「マクロ経済学のミクロ的基礎づけ」と言われる考え方である。この考え方の下に構築された数理モデルが、RBCモデル（Real Business Cycle Model）である。

現代の主流派経済学者たちは、このRBCモデルをベースにして、情報が不十分であるとか、価格が変動しにくいとか、職探しに時間がかかるといった、より現実的な条件を追加的に付加して、さまざまなマクロ経済モデルを構築している。そうしたモデルは、一般にDSGEモデル（Dynamic Stochastic General Equilibrium Model）と呼ばれている。現在、RBCモデルやDSGEモデルに立脚して経済分析を行うことが、経済学の主流となっている。

このDSGEモデルなる経済モデルは、明らかに現実の経済からかけ離れた架空の世界を構築している。失業の問題を例にとってみよう。実は、DSGEモデルに依拠する限り、職を求めていながら見つけられない失業者（「非自発的失業者」）は存在しないのである。なぜなら、DSGEモデルは需要と供給が一致する市場均衡を基礎としているので、失業者は存在し得ない。また、このモデルの中の人間は、まさにマクドナルドのハンバーガーのように、完全に同質的である。したがって、雇用されている人と失業している人という異質な存在はあり得ないからである。このため、この経済モデルでは、例えば現実の経済で失業率が五％である場合、それは「就業希望者は全員雇用されているが、彼らが希望する労働供給時間を五％下回っている状態」だと表現されるのである。

これでは、現実の経済における最も重要な問題の一つである失業をどう解消するかについて、主流派経済学者は何ら的確な処方箋を示すことができない。それどころか、問題の診断すらできないであろう。

歪んだ実証経済学

こうした異様さにもかかわらず、現代の主流派経済学者たちは、このDSGEモデルを用いて現実の経済を分析しているのである。それは次のようにして行われている。まず、モデル内のある政策変数（例えば金利）を人為的に変化させ、GDP（国内総生産）やインフレ率がどう変化するかをみるシミュレーションを行う。次に、そのシミュレーションのデータと、現実の統計データを照合する。両者が一致しない場合は、モデルを替えたり、一致しない理由を探したりする。現代の主流派経済学者たちは、このような作業を繰り返して論文を作成しているのである。

要するに、反ケインズ革命以後、主流派経済学がたどったのは、経済学のより徹底的な数式化と計量化、すなわち官僚制化であったのである。

だが、あるDSGEモデルのシミュレーションの結果が、現実の統計データと一致していたからと言って、そのモデルが現実の経済を正しく分析しているとは到底言えない。経済活動を行っている人間が、まったく同質の利己的個人であるなどということは、あり得ない。そのような想定を置いているモデルが、現実の経済を正しく説明できるはずがない。モデルのデータと統計データが一致したとしても、それはたまたま一致したというに過ぎず、モデルが現実を説明したことにはならない。しかも、統計データ自体も、経済の事実を正確に反映しているとは限らない。

二〇一〇年のワールドカップ・サッカーの際、ある水族館のタコが、試合前に勝利チームを的中させたことが話題となった。もちろん、このタコは、たまたま勝利チームを当てたに過ぎない。もし、このタコが全試合の勝利チームを当てたという統計データが、タコがサッカーに関する予知能力をもつという仮説を実証するものだと主張したら、それはジョークにしかならないだろう。統計データの結果がどうであれ、タコにサッカーの勝利チームを予知する能力があると想定すること自体が非現実的であり、馬鹿げているからだ。

しかし、そうであるなら、主流派経済学の手法もまた同じように馬鹿げているということになろう。主流派の経済学者たちは、非現実的な想定に立ったDSGEモデルと統計データとの一致をもって、モデルが実証されたとしているからだ。アイクナーが嘆いたように、これはもはや科学ではない。

画一性を好むアメリカ

経済学の数式化と計量化が、ほかならぬアメリカで発達を遂げているのは、極めて示唆に富む。なぜなら、アメリカこそ、計算可能性を追求するマクドナルドの祖国だからである。

そもそも、チャールズ・リンドホルムとジョン・ホールが観察しているように、アメリカという社会には、文化的画一性に向かう傾向が顕著にある。アメリカ社会には、新たな移民が持ち込んだ異文化を吸収し、画一化されたアメリカン・カルチャーへと転換する恐るべき同調圧力が存在しているのである。ハインツの缶詰からマイクロソフト社のパソコン・ソフトに至るまで、画一化や規格化こそがアメリカのお家芸である。マクドナルドも、そうしたアメリカ文化の産物にほかならない。「人種のるつぼ」というのも、多様な人種や文化を熔《と》かして、同質の鋳型に流し込むということであり、まさにアメリカの同調圧力を端的に示す比喩なのである。ヨーロッパには、自由や個人主義を強調しながら実際には強力な画一化を強いるアメリカについて、こんなジョークがあるという。「アメリカ合衆国は、人々が自由に選択することを望んでいるが、それは、人々がアメリカのやり方を選択する場合だけである」[*7]。

アメリカ人は、本質的に、画一化や標準化、そしてその最も純粋な形である数値化に異常なほど執着する。それゆえに彼らはマクドナルド化の手法に長けており、そしてグローバル化をリードすることができるのである。ヨーロッパにおける反グローバル化の運動家たちは、グローバル化をアメリカ化と同一視しているが、それはまったくもって正しい。

アメリカの経済学界を社会学的に分析したマリオン・フォルケイドは、アメリカの経済学のあり方は、数値で測り得ることを異様に重視するアメリカ文化と無縁ではないと指摘している。彼女によれば、アメリカの経済学界は、画一的な定量化された方法論を軸にして組織化されており、他の学問領域に対して排他的である。大学院における教育は、もっぱら数理モデルを操作するスキルの徹底した習得にあてられている。定式化された方法論を習得すると、博士号を獲得することができる。フォルケイドは、「合衆国の主要な大学院は工場のように運営されており、品質管理が徹底した生産ラインを思い起こさせる」というあるヨーロッパ人のコメントを引用している[*8]。

アメリカの経済学の大学院は、まるでマクドナルドのハンバーガーのように、定型化されたプロセスを経て経済学博士を効率的に量産しているのだ。だからこそ、アメリカの経済学は、マクドナルドのようにグローバルに広がることができたのである。

この経済学博士の称号は、大学・研究機関、政府系機関、国際機関、そしてビジネス界への就職の門を開く。だから、学生たちは、博士号というステイタス・シンボルを入手するために必死になって、（経済ではなく）経済モデルの動かし方を学んでいるのである。博士号はまさに既得権益なのであり、アメリカの経済学界は、それ自体が「経済学産業」という一大産業と化しているのである。[*9]

主流派経済学は科学ではないと断じたアルフレッド・S・アイクナーもまた、経済学界は一つの社会システムと化していると指摘している。主流派経済学は、なぜ非現実的な市場均衡理論や数式化に固執しているのか。それは、主流派経済学の定理や数式、あるいは「市場」というメタファーが、経済学者という職業集団を束ねる役割を果たしており、それらの共通言語がなければ、経済学者間のコミュニケーションが困難になるからだというのである。

大学の官僚制化

このフォルケイドの分析やアイクナーの指摘には、実に興味深いものがある。

日本の経済学者たちには、アメリカで経済学博士号を取得し帰国する者が少なくない。

そうした経済学者たちが、マス・メディアに登場して日本の官僚制を批判し、特定の産業の既得権益を非難してみせるのをよく見かけるだろう。しかし、彼ら自身が、官僚制化したアメリカの大学院で製造され、主流派経済学という閉鎖的な産業に属して、博士号という既得権益の恩恵に浴していたのである。これは、皮肉というほかない。

そして、経済学者たちによる既存の権力に対する攻撃は、大衆の広範な支持を獲得してきたが、これもまさに、官僚制化は大衆社会化に随伴するとしたウェーバーの分析に合致している。経済学者たちが大衆と手を携えているのは、彼らが官僚的な存在だからなのである。

ウェーバー自身が、官僚制化現象が教育機関にまで及んでいると論じている。彼は、近代における官僚制化の発展とともに、専門試験制度が全面的に展開されていくことに着目した。

この発展は、なんといっても、専門試験をつうじて獲得された教育免許状のもつ社会的威信によって、おおいに促進される。それは、教育免許状のもつ社会的威信そのものが、ふたたび経済的利益に転化されるのだから、なおさらのことである。

近代的な官僚制は、前近代的な名望家にとって代わった。それと同じように、専門試験によって得られる教育免許状が、名望家の家門にとって代わるのである。そして、教育免許状を獲得した者たちは、そうして得られた特権的な地位を彼らだけで独占しようと努め、既得権益を享受するのである。

ウェーバーは、前近代的な名望家が支配する社会と、近代的な官僚制化した社会とでは、教育の目的が違うと指摘している。前近代的な社会では、教育の目的は、教養あるものとみなされた生活様式や文化的資質を身につけることにあった。これに対して、近代的な官僚制的社会では、特殊な専門知識の習得が教育の目的となる。官僚制的支配が名望家的支配を駆逐していくように、専門教育が教養教育を滅ぼしていくのである。

> 教育制度の大本にかんする、現時のあらゆる議論の背後には、旧い「文化人」・対・「専門人」型の闘争が、ある決定的な箇所に伏在しているのである。この闘争は、あらゆる公的および私的支配関係の官僚制化の抑止しがたい伝播と、不断に増大する専

（ウェーバー、三五七頁）

門知識の意義とに起因しつつ、いっさいの身近な文化問題にまではいりこんでいるのである。

（ウェーバー、三六〇頁）

ウェーバーが観察した教育の官僚制化は、現代アメリカの経済学の大学院において極限にまで達したようだ。経済学博士号という教育免許状を獲得して特権的地位を享受するエコノミストたちは、極めて特殊限定的な知識しかもっていない。アン・クルーガーは、世界銀行のチーフ・エコノミストとして「歴史を研究するのは時間の有効な使い方だとは思われない」と言い放ったが、エコノミストこそが歴史をはじめとする教養を侮蔑する「専門人」の典型なのである。

専門家こそが大衆的人間

このように自分の狭い専門領域については細部に至るまで知っていながら、専門外のことについてはまるで無知な専門家を、オルテガは大衆的人間の典型とみなした。オルテガの言う「大衆的人間」とは、必ずしも無学な者を指しているのではない。大衆的人間とは、高い権威に従おうとせず、人の意見に耳を貸そうとせずに、自らの愚かな判断に満足している「慢心した坊ちゃん」のことである。

なぜ、専門家が、そのような大衆的人間の典型であるのか。それは、専門家が、自分の専門領域について詳しく知っていることで満足し、しかもその慢心から、専門外のことにまで意見を言うようになっているからである。「自分がたのもしい価値ある人間だという内的な感情それ自体が、自分の専門外のことまで支配したいという気を起こさせるであろう」（オルテガ、四七四頁）。

現実の経済とはまったく無関係な数理モデルの操作しか知らないはずの経済学者たちが、自信たっぷりに現実の経済について見解を述べたり、経済政策を提言したりしている。そのようなことが平気でできるのは、彼らが大衆的人間の典型である専門家だからなのである。

近代科学は、専門化によって、機械的な手法に従えば誰でも研究ができるように整備されているとオルテガは言う。そうすることで、近代科学は、「知的に非凡とはいえない人間を暖かく迎えいれ、その人間の仕事が成功することを可能にしている」（オルテガ、四七二頁）のである。

専門化のおかげで、凡庸な大衆的人間であっても、科学者になることができる。科学者の量産が可能になるというわけだ。これは、まさに科学のマクドナルド化であり、官僚制化である。科学の専門化とは、教養人という身分を破壊し、大衆の科学への参加を実現する官僚制化現象だったのである。

そして、この科学の官僚制化＝大衆化を異常なまでに徹底的に極めたのが、アメリカの主流派経済学なのだ。主流派経済学の隆盛は、それが「知的に非凡とはいえない人間を暖かく迎え入れ」、経済政策を提言することを可能にしたからなのである。

経済政策の官僚制化

現代の主流派経済学は、経済モデルの極端な数式化や定量化に走っているが、それは現実の経済の実態を把握し、的確な政策を導き出す上では無意味な知的――しかもかなり幼稚――な玩具に過ぎない。それにもかかわらず、主流派経済学者たちは、経済の専門家として実際の経済政策に対して大きな影響を及ぼしてきた。

だが、そのようなことで、現実の経済をうまく運営できるはずがなかった。

主流派経済学が依拠するＤＳＧＥモデルは、需給は価格メカニズムを通じて均衡するという市場の自動調整機能を前提としている。需要と供給の乖離が生じて不況となるのは、金融政策の変化や技術革新など、市場の外部から発生したショックがあった場合か、情報が不完全であったり職探しに時間を要したりといった、市場に歪みがある場合だけである。したがって、市場の外部からのショックがない、あるいは市場に歪みがなければ、不況は発生し得ない。しかも、需要と供給の乖離は、時間とともに調整されて均衡へと向かい、景気は好転する。

このような経済観に基づくと、不況対策としての財政出動は意味がないものとなり、経済政策としてやるべきことは、せいぜい物価を安定させることだけになる。政府の政策担当者や政府機関・国際機関のエコノミストたちは、こうした主流派経済学の経済観に影響されて、政府及び中央銀行は、物価を低インフレに保っていさえすればよいと考えるようになってしまった。すなわち、中央銀行は、インフレ率の目標を定め、実際のインフレ率が目標を下回れば金利を引き下げる。反対に、実際のインフレ率が目標を上回った場合は金利を上げる。政策担当者は、このルールに従って、物価と賃金だけに着目していればよい。それが、反ケインズ革命以後の経済運営の標準となったのである。

スティグリッツは、ＩＭＦのエコノミストたちが、インフレ率だけに関心をもっていたことを批判している。経済の指標としては、成長率や失業率などもある。低インフレであることは、健全な経済のための手段の一つであって、目的そのものではない。ところが、IMFのエコノミストたちは、財政が均衡していて、物価が安定さえしていれば、失業率が二桁に達していようと、その国の経済を問題なしとみなしていたというのである（Stiglitz, p. 27）。物価という計量可能なものにのみ着目して経済を運営するその手法は、まさに官僚制的であった。

経済学の危機

こうした計量可能なルールに忠実な、マクドナルド化＝官僚制化したIMFの経済運営が、アジア、中南米、ロシアなどの一連の経済危機を引き起こしたことは、すでに述べた通りである。しかし、官僚制化したマクロ経済運営は、開発途上国のみならず、先進国そして世界的にも、危機的な事態をもたらした。その最大のものが、二〇〇八年のリーマン・ショックである。

二〇〇〇年代前半、アメリカ経済は、低インフレであるにもかかわらず好景気であり、失業率も低位で推移していた。この好景気は「グレート・モデレーション」と呼ばれ、当時のFRB（連邦準備制度理事会）議長アラン・グリーンスパンの経済運営は、賞賛の的となっていた。

その頃のグリーンスパンは、主に物価と賃金の上昇率に着目して経済運営を行っていた。そして、インフレ率が低位で推移している間は、金利を引き上げる必要はないと判断していた。その間、住宅市場でバブルが発生していたが、グリーンスパンはインフレ率が低いので問題はないと考えていた。彼は、金融市場の市場メカニズムを信じており、金融市場がバブルとその崩壊をもたらすという危険性を軽視していたのである。

そのため、長期にわたって放置された住宅バブルがついに崩壊し、リーマン・ショックが勃発すると、世界は大不況に突入することとなった。そして金融政策だけでは、大不況から脱出できないことも明らかとなった。それと同時に、グリーンスパンの名声も地に堕ちたのである。

しかし、崩壊したのは、世界経済とグリーンスパンの名声だけではない。金融政策中心の官僚制的なマクロ経済運営にお墨付きを与えていた主流派経済学もまた、崩壊したのである。

リーマン・ショック後の二〇〇九年、経済学者のアクセル・レーヨンフーヴッドは、我々を正しく導いてくれるような信頼に足る数理モデルは、もはや、この世には存在しなくなったと述べた。世界は、政策担当者が、数理モデルではなく、自身の直感を頼りに経済を裁量的に運営していた時代に戻ったというのである。[*10]

サイモン・ジョンソンも、「経済危機と経済学の危機」と題するスピーチにおいて、既存の経済モデルが通用しなくなったと指摘するとともに、財政政策に対するこれまでの考え方を根底から改め、金融危機に対しては財政出動で対処すべきだと主張している。また、ジョンソンは、経済学のあり方を反省するとともに、経済がどう運営されているかを再考する必要があるとし、「政治経済学」の必要性に言及している。[*11]

レーヨンフーヴッドやジョンソンが主張しているのは、マクロ経済運営を計量可能なルールに従って機械的に行うのではなく、経済の実態に習熟した政策担当者のプラグマティックな裁量によって行う必要があるということである。経済運営は「官僚」的ではなく、「政治」的でなければならないということである。

ケインズ復活の意味

二〇〇八年の世界金融危機によって、財政出動をはじめとする政府による市場介入の必要性が再認識されるようになったことで、「ケインズが復活した」と言われるようになっている。

確かに、金融危機や恐慌には、政府による積極的な財政金融政策なくして対処できないのは、自明である。しかし、経済危機を脱したら、再びインフレ率だけに着目した金融政策中心のマクロ経済運営に回帰してよいというわけではない。

ケインズの研究で有名なロバート・スキデルスキーは、ケインズの理論の核心は、将来の不確実性こそが経済の常態であるという現実認識に立っていたことにあると指摘している。将来の不確実性に起因する危険の多くは、計測不可能である。こうした計測不可能な危険を減殺することこそが政府の役割であるならば、政府のマクロ経済運営の機能は、平時においても、現状よりも拡張される必要があるとスキデルスキーは言う[*12]。

「ケインズの復活」の真の意味とは、計測不可能な不確実性に対処するためには、計算可能性に基づく官僚制的な経済運営ではなく、政府の裁量による「政治主導」の経済運営が必要であるということなのである。

もちろん、政治が不完全である以上、政治主導の経済運営が失敗する可能性は確かにある。公共投資に対する批判も、投資額が政治的な妥協の産物として決まったり、投資先が政治家の利益誘導によるものだったりするからである。しかし、将来を確実に見通すことが不可能である以上、「政治」なしには適正な経済運営はできない。政治とは、人間が計算不可能な不確実性に処するための営為である。政治は、それがどんなに不完全であっても、人間が将来の不確実性から逃れられない以上は、欠かすことができないのだ。

もし人間が将来を確実に計測できる経済理論を手に入れたのならば、確かに政治は不要になり、計算可能な規則に従った官僚制的な経済運営が可能となるだろう。主流派経済学は、そのような「政治」抜きの経済運営を可能とする定理や法則あるいはルールを追究した。だが、もし、そのような経済運営が可能になったならば、政治だけでなく、言論の自由も不要なものとなるだろう。決められた規則に黙って従えばよいのであるならば、政策を議論する意味もなくなるからだ。

政治の世界には、確かに、利害の対立や妥協がつきものである。しかし、政治には対立や妥協があるからこそ、議論が行われるのであり、言論の自由が意味をもつのである。もし、関係者の間に対立や妥協がなく、すべて、規則に従って官僚制的に事を運べばよいのであれば、そもそも言論が自由である必要などない。政治的な対立や妥協がなく、不確実性のない統治体制とは、自由なき官僚制的支配にほかならない。

イギリスの政治哲学者バーナード・クリックは『政治の擁護』の中で、政府に対して過剰に確実性を要求することは、政治や自由の死を意味すると述べている。「自由な政府とは、イデオロギーによってではなく、政治的に決定を下す政府である」[*13]。

政府の裁量によるケインズ主義的な経済運営が、政治の利害対立や妥協に巻き込まれがちなのは事実である。しかし、対立や妥協の存在こそが、自由民主政治の条件である。

経済危機の教訓である「ケインズの復活」とは、「自由民主政治の復活」なのである。

＊1―George Ritzer, *The McDonaldization of Society 6*, Pine Forge, 2011.

＊2―例えばジークムント・バウマン『リキッド・モダニティ――液状化する社会』大月書店、二〇〇一年、第二章。

＊3―Joseph E. Stiglitz, *Globalization and Its Discontents*, W. W. Norton, 2002.

＊4―大野健一『途上国のグローバリゼーション――自立的発展は可能か』東洋経済新報社、二〇〇〇年。

＊5―Alfred S. Eichner, 'Why Economics Is Not Yet a Science,' *Journal of Economic Issues*, Vol.XVII, No.2, June 1983, pp. 507-520:518.

＊6―経済学説の変遷や主流派経済学の現状については、青木泰樹『経済学とは何だろうか――現実との対話』(八千代出版、二〇一二年)を参照している。

＊7―Charles Lindholm and John A. Hall, 'Is the United States Falling Apart?' *Daedalus* 126:183-209.

＊8—Marion Fourcade, *Economists and Societies: Discipline and Profession in the United States, Britain, and France, 1890s to 1990s*, Princeton University Press, 2009, pp. 63.

＊9—Herbert Stein, 'The Washington Economics Industry,' *American Economic Review* 72-2, 1986, pp. 1-66.

＊10—Axel Leijonhufvud, 'Macroeconomics and the Crisis: A Personal Appraisal,' *CEPR Policy Insight*, No.41, November 2009.

＊11—Simon Johnson, 'The Economic Crisis and the Crisis in Economics.' http://baselinescenario.files.wordpress.com/2009/01/aces-presidential-lecture-jan-3-2008-for-posting.pdf

＊12—Robert Skidelsky, 'The Relevance of Keynes,' *Cambridge Journal of Economics*, Nov. 22, 2010, pp. 1-13.

＊13—Bernard Crick, *In Defence of Politics*, Penguin Books, 1962, pp.160.

第三章 グローバルな統治能力の危機

民主主義の統治能力

経済学や経済政策の官僚制化は、一九八〇年代の新古典派経済学の台頭によって加速的に進展したのであるが、その背景には、七〇年代に政府の「統治能力（governability）」が大きく損なわれたという危機感があった。

七〇年代、先進諸国はインフレと不況の同時発生（スタグフレーション）に苦しんでいた。特にアメリカは、スタグフレーションに加えて、ヴェトナム戦争、財政赤字の肥大化、人種問題、ウォーターゲート事件など、さまざまな政治的・経済的問題を抱え、政府に対する信頼が失われていったのである。こうした時期、サミュエル・ハンチントン、ミシェル・クロジエ、綿貫譲治は、この先進諸国が抱える問題を「民主主義の統治能力」の危機としてとらえた共同研究を発表した。[*1]

この中でハンチントンは、七〇年代のアメリカの統治能力の危機について、六〇年代の民主主義の高揚がもたらしたものと診断した。六〇年代、ベビー・ブームにのって、若年層が爆発的に拡大し、民主的・平等主義的価値観に基づいて、既存の権威に対して挑戦するようになった。彼らは、政治的権威を否定し、政治参加や福祉を一方的に要求するようになった。民主主義が行き過ぎたのである。ハンチントンは、この権威に反抗して要求するばかりの民主政治のあり方を「過剰民主主義」と呼んでいるが、これは要するに「大衆民主政治」のことである。

この「過剰民主主義」あるいは「大衆民主政治」の結果、例えば経済政策においては、政府活動が拡大する一方で、政府の権威は著しく衰退していった。政府活動の拡大により財政赤字が増大し、インフレ傾向に拍車をかけた。また、政府職員の労働組合は賃上げの要求とストライキを繰り返したが、政府はこれを抑えることができなかった。政府は予算不足を補うために増税を行う必要があったが、増税という不人気な決定は民主主義においては困難だった。政治の意思決定過程には、さまざまな利権集団が参加しており、法律は骨抜きにされるのが常だった。こうして財政赤字と悪性のインフレは拡大する一方となり、政府の経済運営における権威は地に堕ちた。

こうした認識の下、ハンチントンは、統治能力を回復するためには民主主義の過剰を抑制しなければならないと論じた。民主主義それ自体を否定するわけではないが、しかし、民主主義の拡大には望ましい限度というものがある。民主主義には、統治能力を損なわないような節度が必要である。ハンチントンは、このように主張したのである。

この統治能力の危機という認識は大きな影響力をもち、時代を特徴づけるものとして共有された。だが、八〇年代以降、この統治能力の危機の問題は、ハンチントンが望んだように、民主主義に節度を与えることで解決されるということにはならなかった。その代わりに、より急進的に、経済の領域から政治を排除するという戦略がとられたのである。その戦略を主導したイデオロギーが新自由主義であった。

新自由主義と官僚制の結託

そもそも、新自由主義というイデオロギー、そしてその理論的基礎である新古典派（主流派）経済学の中核には、市場には価格メカニズムを通じて資源を効率的に配分する自己調整機能が存在するという信念がある。

この信念が前提とするのは、経済の領域と政治の領域とは、それぞれ独立して存在しており、また存在すべきであるという世界観である。経済の領域は、市場が支配する自律的な世界である。政治が経済の領域に関わると、市場の自己調整機能が損なわれ、効率的な資源配分が不可能になる。市場に委ねれば、価格メカニズムが需要と供給を均衡させる。

しかし、もし、政治が投資を増加させたり、消費を拡大させたりすれば、価格メカニズムの自己調整機能が歪み、需要が多くなりすぎて需給が不均衡になる。つまり、インフレがもたらされるだけに終わる。新古典派経済学によれば、一九七〇年代のインフレは、政府の市場介入が原因なのである。

さらにジェームズ・ブキャナンらは、この新古典派経済学的な論理を政治学に応用して、民主政治が財政赤字とインフレを引き起こしたという議論を提起した。ブキャナンらの主張は、次のようなものである。

民主政治においては、政治家は、選挙で勝つために地元への利益誘導を行い、手厚い社会福祉を約束しがちである。選挙で勝つことだけを目指しているような政治家には、経済全体の需要と供給のバランスのことなど、思いもよらない。その結果、政治は、必要以上の政府支出を行いがちになり、需要が過剰になる。こうして、財政赤字とインフレがもたらされる。ところが、不況対策として財政赤字を正当化するケインズ経済学は、こうした腐敗した民主政治が引き起こす財政赤字に、もっともらしい理論的根拠を与えてしまっている。そこで、ブキャナンらは、民主政治による無制限の財政支出の拡大を抑止するために、立法府を制限する憲法的な法規によって均衡財政を規定すべきであると主張したのである。[*2]

このブキャナンらの議論は、ハンチントンの分析とも共鳴するものであり、一九七〇～八〇年代の統治能力の危機の中で、大きな説得力をもった。ただし、ハンチントンは民主主義に節度を求めたのに対し、ブキャナンらは、憲法によって政治による経済介入そのものを排除しようとした。ブキャナンら経済学者がそのように考えることができたのは、経済の領域には市場という自己調整機能があると信じていたからにほかならない。

だが、仮に市場に自己調整機能があるのだとしても、政治なしで経済を運営することは、実際問題として不可能である。

なぜならば、完全なる自由市場を実現しようとしたら、それを阻む障壁を取り除き、経済に介入しようとする政治に対抗し、排除すらできるほどに強力な権力が必要となるからだ。しかも、その強大な権力を有する者は、経済の領域を支配する市場の機能に精通した専門家である必要がある。

要するに、市場に介入しようとする政治に対抗できる強力な専門家集団が存在しなければ、新自由主義的な経済政策は実現することができないのである。そのような専門家集団こそ、官僚制にほかならない。

したがって、新自由主義は、その「自由放任」や「小さな政府」のレトリックにもかかわらず、官僚制と結びつくに違いないのである。しかも、それは、既存の政治権力を凌駕するほどの強大な権力をもった官僚制でなければならないはずである。そのことを一九三〇年代にすでに見抜いていたのは、イタリアの鋭敏なるマルクス主義者アントニオ・グラムシである。投獄されていたグラムシは、獄中でノートに「自由放任（laissez-faire）もまた、法的そして強制的手段によって導入され維持された国家『規制』の一形態である」「自由放任の自由主義は、政治的プログラムである」と書きつけている。[*3]

また、歴史を振り返ってみても、自由市場は、官僚制によって生み出されてきたのであって、国家と無関係な市民社会から自然発生したのではなかった。経済人類学者のカール・ポラニーは、十九世紀において自由放任の旗を振っていたイギリスについて、次のように述べている。

自由放任には、自然なところは何もなかった。自由市場が成行きまかせで生じてくるはずはなかった。綿工業——すなわち主導的自由貿易産業——が、保護関税、輸出奨励金、間接的賃金扶助を助産婦にして生みだされたのとまったく同じように、自由放任自体も国家によって実現されたのである。三〇年代、四〇年代には、制限的法規を廃止する立法が爆発的に公布されただけでなく、国家の行政機能が飛躍的に強化され、いまや、国家には経済的自由主義の支持者が設定した任務を果たしうる集権的官僚機構が賦与されつつあった。[*4]

破壊される民主政治

新自由主義の理想である完全なる自由市場経済を実現するためには、その手段として、専門家集団としての官僚制が必要である。しかも、その官僚制は、民主政治の要求を跳ね返すことができるほど強力でなければならない。そうだとするならば、一九八〇年代以降の新自由主義の台頭、そして九〇年代以降のグローバル化の進展は、官僚制的支配の強化と民主政治の衰退を引き起こすはずである。

実際、九〇年代以降、多くの論者が、新自由主義の台頭、そしてグローバル化が、民主政治に対する脅威となっていることに警鐘を鳴らしてきた。

新自由主義による政治の破壊は、まず、民主政治の基盤が脆弱な開発途上国に対して行われた。それを実行したのは、IMFや世界銀行といった国際的な官僚制的組織である。前章において述べたように、国際機関に属するエコノミストたちは、ウェーバーの言った意味における「官僚」の典型であった。

国際機関のエコノミストたちは、援助対象国に対し、資金援助の条件として新自由主義的な構造改革を迫った。その際、彼らが重視したのは、世界銀行が使っている用語で言えば、経済政策を「政治的圧力から隔離(insulate)する」ことであった。これは、援助対象国から、経済政策の決定と執行権に関する国民主権を剝奪するということであり、「権力を立法府から説明責任のない執行機関へと移す」という意味である。[*5] 要するに、官僚制的支配を徹底するということだ。

開発途上国の支援においては、政治的圧力からの隔離とは、腐敗した一部の利益集団によって「良き経済政策」の実行が妨げられないようにすることだと思われるかもしれない。IMFや世界銀行のエコノミストたち自身もそのつもりであろう。しかし、彼らの考える「良き経済政策」とは、所詮は、主流派経済学によって定義されたものに過ぎなかった。

IMFなどの国際官僚組織が要求する「良き経済政策」——緊縮財政、金融の引き締め、競争促進、自由化、民営化といった新自由主義的な構造改革——は、失業者の増大、実質賃金の低下、福祉施策の廃止などの痛みを伴う。だが、国民は、そのような痛みには到底耐えられない。それゆえ、平時における民主主義国家では、急進的な構造改革は民主的支持を得られず、実現は困難である。そこで、経済政策を民主政治から「隔離」する必要が生じるのである。

ペルーと韓国の構造改革

フィンランドの社会科学者テイヴォ・テイヴァイネンは、九〇年代のペルーにおいて、IMFから要求された新自由主義的な構造改革が、ペルーの民主政治を隔離することで実行されたことを明らかにしている。

八〇年代の債務危機の中で、IMFはペルーに対して支援を行う代わりに、主流派経済学の処方箋にのっとった構造改革を要求した。これに対して、当時のアラン・ガルシア政権は、ペルーの経済政策における国家主権を主張して、IMFや外国資本からの圧力に抵抗した。しかし、九〇年に成立したアルベルト・フジモリ政権は、「グローバリゼーションに参加する」というスローガンの下、IMFの要求する構造改革を実行した。その際、フジモリ政権は構造改革を断行するために新たな憲法を制定し、構造改革の障害となる議会制民主政治に制限を加えるとともに、抵抗するペルー国民を弾圧したのである。[*6] フジモリは、新自由主義を実現するために、ブキャナンらが教えたように、憲法によって民主政治を隔離しただけでなく、強権的な政治権力を行使したのであった。

IMFによる韓国の構造改革を分析したジェームズ・クロッティと李康國は、IMFが民主政治からの隔離を行うに当たって、金融危機という有事を利用したことを明らかにしている。一九九七年当時、韓国国民は、金大中を大統領に選んだが、それは彼がIMFに対して最も批判的だったからだ。つまり、IMFの構造改革は、民主的支持が得られていなかったのである。構造改革は、平時の民主国家においては不可能だった。そこで、IMFは、金融危機という有事を利用し、韓国に対して資金を援助するのと引き換えに構造改革を迫った。実際、IMFのマイケル・カムデサス事務局長は、アジア通貨危機は韓国の構造改革を行う上で好機だったと発言しているのである。[*7]

だが、その結果は無残なものだった。IMFは、韓国の経済危機の原因が国家主導型の経済構造にあると判断し、金融市場や労働市場の自由化、グローバル化を推し進めた。しかし、その結果、サムスンなど少数財閥の市場支配は、改革前よりもかえって強化されたのである。外国資本による韓国への投資は大幅に増えたが、その大半は資産買入や企業買収であったため、経済成長にはたいして寄与しなかった。株式市場での外国人の比率は、一九九七年末には約一五％であったが、二〇〇四年初めには四〇％を超えた。市中銀行の外国人持分は、一九九八年には約一二％であったが、二〇〇四年末には六五％以上となった。金融資本の流出入が大幅に拡大したために、韓国経済は国際市場の短期的変動に対して極めて脆弱になり、不安定化した。輸出は急速に拡大したが、内需は停滞し、格差の拡大や貧困層の増大が進行した。所得が最低生計費よりも低い絶対的貧困層は、一九九六年の三・一％から二〇〇三年には一〇％以上となった。企業の所得は増加したが、労働分配率は下落し、労働者の境遇はいっそう悪化した。例えば、一九九〇年から一九九七年までの期間では、個人部門の実質可処分所得の増加率は約六％であったのに対し、企業部門は約四・八％であった。それが、二〇〇〇年から二〇〇四年までの期間では、個人部門はわずか〇・八％程度だというのに、企業部門は六〇％近くにもなったのである。[*8]

新自由主義が有事を利用して、経済政策を民主政治から隔離することを、最も雄弁に明らかにしたのは、カナダのジャーナリストであるナオミ・クラインであろう。彼女は、『ショック・ドクトリン――惨事便乗型資本主義の正体を暴く』（岩波書店、二〇一一年）において、新自由主義的な政策が、戦争、経済危機、恐怖政治、そして自然災害といったショックを利用した膨大な事例について丹念に取材した。そして、新自由主義を「ショック・ドクトリン」と呼んだのである。

最初にショック・ドクトリンを施したのは、新自由主義の教祖とも言うべき経済学者ミルトン・フリードマンであった。一九七三年、チリでクーデタが起き、ピノチェトが政権に就くと、フリードマンと彼の弟子たちが経済政策のアドバイザーとなった。当時、チリ人たちは、ピノチェトによる恐怖政治に加え、ハイパー・インフレーションという経済危機のショックで、思考停止状態に陥っていた。そこに、フリードマンらが減税、自由化、民営化、社会保障費の削減、規制緩和といった新自由主義的な構造改革を処方したのである。まさにショック療法である。

このほかにも、クラインは、ショック・ドクトリンの事例を豊富に挙げてみせる。

例えば、IMFや世界銀行もまた、一九八〇年代の債務危機を利用して、中南米諸国にショック・ドクトリンを施した。また、イギリスのマーガレット・サッチャー首相は、一九八二年のフォークランド紛争によって権力を強め、炭鉱労働者の弾圧や民営化などの新自由主義的な政策を断行した。一九九三年、ロシアのボリス・エリツィンは、議会を武力制圧して反対派を弾圧した直後から、自由化や民営化といった新自由主義的な改革を推進した。中国では、一九八九年の天安門事件以降、市場経済に向けた改革が行われた。IMFは、九七年から九八年のアジア通貨危機を利用して、東アジア諸国に緊縮財政、規制緩和、民営化などの改革を強制した。一九九九年、NATO（北大西洋条約機構）軍によるベオグラード攻撃の後、旧ユーゴスラヴィアでは急速な自由化が進められた。二〇〇三年のイラク戦争によって占領されたイラクは、民営化、完全な貿易自由化、政府の極端なスリム化などを強制された。〇五年、ハリケーン・カトリーナに襲われたニューオリンズでは、公立学校が一斉に民営化された。

クラインは、フリードマンの主著『資本主義と自由』（日経BPクラシックス、二〇〇八年）の序文から、「現実の、あるいはそう受け止められた危機のみが、真の変革をもたらす」という一節を引いている。危機が民主政治を停止させれば、エコノミストが主流派経済学の理論にのっとって、経済を管理するという官僚制的支配が実現するのである。

非政治化戦略

クラインは、新自由主義が災害、戦争あるいは恐怖政治を利用して、暴力的な形で官僚制的支配を成就し、民主政治を隔離することを明らかにした。しかし、新自由主義に基づく官僚制的支配は、有事のみならず平時においても、より穏健な衣をまとって進行していた。こうした現象は、イギリスの政治経済学者ピーター・バーナムなどによって、「非政治化（depoliticisation）」と呼ばれている。

一九九〇年代のイギリスでは、労働党のブレア政権が保守党のメージャー政権の新自由主義を継承して、さまざまな改革を実現したが、バーナムによれば、それら一連の改革は「非政治化」戦略に基づいていた。

「非政治化」戦略の主眼は、インフレ率を抑制し物価を安定させるために、経済政策における意思決定を、「裁量に基づくもの」から「ルールに基づくもの」へと変更することにあった。その発想は、ブキャナンら新自由主義の政治経済観と基本的に同じである。すなわち、経済政策における政府の裁量を認めるケインズ主義的な経済運営は、民主政治の圧力を通じて財政赤字の肥大化とインフレを招く。それを避けるためには、経済の領域から政府の裁量を排除すべきであるというわけである。

しかし、バーナムが指摘するように、「非政治化」戦略は、経済の領域から政治を排除するという単純なものではなかった。それは、経済の領域における官僚制的な支配を強化するというものだったのである。

日本の非政治化

バーナムは、九〇年代のイギリスにおける「非政治化」戦略には、次の三つの形式があったとしている。

第一に、経済政策の意思決定権を、政党から「非政治的」な第三者機関に移譲することである。その最も典型的な例は、金融政策における中央銀行の独立性の強化とインフレ目標の設定である。イングランド銀行には、金利を変更するタイミングを独自に決定する権利が与えられる。そして、物価上昇率を一〜四％の範囲内に収めるというインフレ目標が設定され、イングランド銀行はこのインフレ目標というルールに従って、金利を上下させるのである。

もう一つの例として挙げられるのは、NPM（ニュー・パブリック・マネジメント）である。NPMとは、公共セクターの運営を民間部門などの非政治的機関に移譲することで政府支出を削減し、「小さな政府」を実現するために考案された仕組みである。まず、公共セクターの運営に関して、透明性の確保や評価手続きなどに関する形式的なルールが設定され、民間主体でも運営できるようにする。政府は、その運営状況がルールに従っているか否かをモニタリングしさえすればよいのであり、自ら公共セクターを運営しなくてもよいのである。

「非政治化戦略」の第二の形式は、経済政策の説明責任や透明性を高めることである。具体的な例としては、一九九七年にブレア政権が設定した財政政策の二つのルールがある。一つは、政府の債務負担は公共投資目的に限定し、消費支出は税収によって賄わなければならないというルールである。もう一つは、国民所得に対する政府債務の比率を適度な水準に安定化させるというルールである。ブレア政権は、これらの達成状況を「経済財政戦略報告」として公表することとした。これは情報公開や透明性の確保として正当化されたが、政府の狙いは、これによって労働組合などの圧力団体の財政支出に対する期待を抑え、財政運営から隔離するところにあったのである。

「非政治化戦略」の第三の形式として挙げられるのは、政府の裁量を制限する法的拘束力のある国際ルールにコミットすることである。例えば、ブレア政権は、政府の貿易政策に関する権限を大幅に制限するＷＴＯ（世界貿易機関）の設立について積極的に支持したし、欧州通貨統合にも比較的前向きであったのである。

バーナムは、九〇年代のイギリスを例にとって「非政治化」現象を論じたが、この現象はイギリスにとどまらず、世界各国に広まっていたと言えるだろう。とりわけ、日本の九〇年代以降のいわゆる「構造改革」は、ほぼこの「非政治化」戦略にのっとっていたと言える。

例えば、中央銀行の独立性については、一九九八年に施行された改正日本銀行法によって実現している。これによって内閣は、日銀総裁の罷免権を失うこととなったのである。そして日本銀行は、インフレ目標こそ設定はしていないが、物価の安定（低インフレ）を最大の使命として金融政策を運営している。

ＮＰＭについても、橋本政権による行政改革によって積極的に取り入れられた。例えば、一九九七年の行政改革会議の最終報告は、事務・事業の民営化、民間移譲、民間委託による効率化を謳っている。また、行政組織の実施部門について独立行政法人化を進めることとし、独立行政法人には、中期目標や中期計画を課し、目標達成に関する定量的な評価の仕組みを導入している。[*9] また、橋本政権は、財政構造改革法によって緊縮財政をルール化したし、小泉政権以降、政府はプライマリー・バランス（基礎的財政収支）の黒字化を目標として掲げてきた。国際ルールへのコミットについても、WTOや近年のFTA（自由貿易協定）への参加、BIS（国際決済銀行）の金融機関に対する自己資本規制、国際会計基準などの導入が進められてきた。日本も、「非政治化」への道を突き進んでいたのである。

だが、「非政治化」戦略とは、結局のところ、官僚制的支配の強化に過ぎなかった。それは、ウェーバーの官僚制の理論を再び想起すれば、おのずと明らかになろう。

例えば、NPMは、公共セクターの運営を「官から民へ」移すことだとされているが、その実態は官僚制的支配の強化であった。NPMの特徴である透明性の確保とは「だれかれの区別をせずに」ということであり、定量的な目標の設定と評価とは「計算可能な規則」によるということである。こうした透明性の確保や評価の手続きは、バーナムが指摘するように、政府が民間部門に委ねた公共セクターを「監視」しやすくするための手法である。要するに、NPMの理念とは、その提唱者がどう信じようと、ウェーバー的な官僚制的支配の論理に立っているのだ。

したがって、イギリスのNPMが、次のような結果に陥ったのも当然のことと言えるだろう。

NPM推進の帰結の一つは、地方と中央の行政担当者が、自分たちの事業と成果について、ほぼ恒常的に弁明しなければならない状況に置かれたことだ。様々な成果基準や成果目標が設けられ、それらが些細な決定にも逐一適用されるようになったために、NPMの実施で解消されるはずだった官僚的事務が増大したのは、皮肉としか言いようがない。[*10]

官僚批判に応え、NPMの理念を輸入しつつ鳴り物入りで断行された日本の行政改革とは、皮肉なことに、ウェーバーの言う官僚制化をいっそう推し進めるものであったのである。

インフレ目標という官僚制化

中央銀行の独立性の強化やインフレ目標政策もまた、官僚制的支配の一形態と言える。

そもそも、中央銀行とは官僚制的な組織なのであるから、中央銀行の独立性の強化とは、官僚制の強化以外の何物でもない。しかし、金融政策は、単に物価を変動させるだけではなく、所得再配分や雇用の増減など国民生活全般に影響を及ぼすものであり、財政と同様に民主的な統治が必要なはずである。そのような金融政策から政治を隔離する独立した中央銀行とは、民主主義を侵害するものにほかならない。*11

インフレ目標に基づく経済運営もまた、「計算可能な規則」に従うという官僚制的支配そのものである。しかも、インフレ目標政策は、その官僚制的性格ゆえに、さまざまな問題点が指摘されている。例えば、ジョセフ・スティグリッツは、次のような批判を展開している。

まず、インフレ目標論者は、インフレの原因にはさまざまなものがあることに注意を払っていない。例えば、二〇〇六年から〇七年にかけての物価の上昇は、国際市場におけるエネルギー価格と食糧価格の高騰が引き起こしたものであるが、こうしたインフレに対しては、中央銀行が金利を上げてもほとんど効果がないのである。また、二〇〇八年の世界金融危機に至る過程では、中央銀行が物価だけに着目していたがゆえに、資産市場のバブルを見逃すという致命的なミスを犯していたことが明らかとなっている。*12 経済の実態は、複雑なものである。インフレ目標という定量的な規則に基づく官僚制的な経済運営によって支配できるほど、単純ではない。〇八年の世界金融危機は、まさに官僚制的支配の限界を示すものであった。

そこで、前章において参照したように、世界金融危機を契機として政府の裁量による財政政策の復活が求められるようになってきているのである。ところが、官僚制的支配の「非政治化」戦略は、その財政政策に関しても、財政健全化のルールを設定し政府の裁量を封じ込めてしまっている。官僚制的支配は、百年に一度とも言われる経済危機に対してすらも、機動的に対処することができないほどに政治をがんじがらめに拘束しているのである。

そして、この官僚制的支配の問題が最も顕著に噴出したのが、ヨーロッパである。

ヨーロッパにおける官僚制的支配

ヨーロッパ連合（EU）は、その根拠法であるマーストリヒト条約により、欧州中央銀行が単一通貨ユーロを発行して金融政策を実施することとされている。この通貨統合により、ユーロ加盟各国は、金融政策や為替政策の権限を失った。これは金融政策から各国の民主政治を隔離するものであり、中央銀行の独立性をほぼ完全な形で成立させる試みなのである。なお、その欧州中央銀行は、インフレ目標政策をも導入している。

また、マーストリヒト条約は、ユーロの国際的な信認を守るため、各国の財政政策に関しても、財政赤字はGDPの三％まで、公的債務残高は原則としてGDPの六〇％までと制限している。これは、ブキャナンが提案した憲法的なルールによる民主政治の制限を、国際的なレジームによって実現するものである。

もし、各国政府が過剰に通貨発行や国債発行を行うと、共通通貨という仕組みは成り立たなくなってしまう。したがって、共通通貨を実現するためには、財政金融政策の「非政治化」を徹底しなければならないのである。官僚制的支配は、通貨統合にはなくてはならない装置だったのだ。

さらにEU加盟国は、EU域内における貿易、資本、労働の移動の障壁を撤廃して単一市場を成立させ、科学政策から消費者保護政策に至るまで、ありとあらゆる規制を共通化した。EUとは、加盟各国を「非政治化」し、新自由主義的な理想をヨーロッパ内で実現する壮大な実験であったのだ。だが、それは同時に、ブリュッセルのEU本部という官僚制の権限を強化し、ヨーロッパ全土に官僚制的支配をゆきわたらせるという結果を伴ったのである。

ユーロ危機

しかし、二〇〇八年に世界金融危機が勃発し、さらにギリシャやアイルランドにおける債務危機が発生すると、ユーロという国際的な官僚制的支配は機能不全に陥ったのである。

経済危機に直面した国は、通常であれば、金融緩和を行うと同時に、国債を増発して不況対策を講じることができる。また、債務危機国の通貨は下落するが、その結果、輸出が拡大するので、経常収支の改善や経済成長への道を開くことも可能となる。ところが、ユーロ加盟国は、財政政策の裁量権が厳しく制限され、金融政策や為替政策については裁量権がまったくないため、不況対策を講じることができないし、通貨の下落による輸出拡大という選択肢もない。そこでギリシャなど危機に陥った国々は、EUなどに支援を求めたが、その条件として厳しい緊縮財政を強いられることとなっている。しかし、不況下における緊縮財政などというのは、マイナス成長や失業者の増大など、被支援国の国民生活に苛烈な負担を強いるものであり、平時の民主国家では到底あり得ない政策である。つまり、ユーロという官僚制的支配のシステムを維持するためには、被支援国の民主政治をほぼ完全に否定しなければならないのである。

もし、このような被支援国における民主政治の破壊を回避しようとしたら、すでに提案されているように、EU各国が共同で国債(ユーロ共同債)を発行して共通の財政政策を行う必要があるだろう。しかし、それは、ドイツのような豊かな国の国民が、ギリシャなど他の国の国民を救済するための財政負担を強いられるということを意味する。このため、ドイツは、ユーロ共同債の発行に反対している。

ただし、ドイツ政府は、無条件にユーロ共同債に反対しているわけではない。ドイツは、ユーロ共同債を発行するならば、EUは財政政策を統合し、さらには政治統合を完成させる必要があるという立場をとっているのである。

ドイツの野望

ドイツの財務大臣ヴォルフガング・ショイブレは、デア・シュピーゲル誌(二〇一二年六月二十五日付)におけるインタビューの中で、ユーロ共同債を認める条件として、「各国の予算に対して拒否権を発動できる欧州財政大臣がいて、新規国債発行の水準を認めなければならない」と述べている。EUが、各国の財政民主主義をもっと大幅に制約すべきだというのである。

さらに、ショイブレは「グローバル化の時代には、経済政策はグローバル化の一部にならざるを得ません。加えて、外交や安全保障における国家権能の多くもそうです。欧州は、世界の中で、より効果的かつ明確に声を一つにすべきなのです」とも述べている。この発言に対して、デア・シュピーゲル誌のインタビュアーはやや呆れ気味に、「あなたは、多くの国家権能を移譲することを提案していますが、そうしたら、民主的正統性はどうなるのですか?」と尋ねているが、もっともな疑問である。

国家政策は、各国の民主的政治過程を通じて決定されている。各国の政策に関する権能をEUに、より移譲するということは、その分だけ各国の民主政治を否定するということになる。すなわち、EU官僚による官僚制的支配をより徹底させるということになるのだ。

もし、EUレベルの官僚制的支配を回避しつつ、ヨーロッパの財政統合及び政治統合を図ろうとするならば、EUは民主的な連邦国家となる必要がある。その場合には、ヨーロッパ諸国の国民国家という枠組みは否定されることになる。だが、今のところ、ヨーロッパ人たちは、ヨーロッパという連邦国家の実現のために、それぞれのナショナル・アイデンティティを犠牲にする用意はない。ショイブレによるヨーロッパの財政及び政治統合という構想は、他のＥＵ諸国からはもちろん、ドイツ国民からも支持を得られないのではないだろうか。

トリレンマ

このように、ＥＵは、経済統合を維持しながら民主主義を尊重し、国民国家の枠組みも温存するということができなくなっているのである。アメリカの経済学者ダニ・ロドリックは、このような経済統合（グローバル化）、民主政治、国民国家の矛盾した関係を「トリレンマ」と呼んでいる。「トリレンマ」とは、三つのことが同時に実現できない状態のことを指す。

具体的には、次の通りである。

1　もし、グローバル化を徹底し、各国の制度的障壁をなくそうとするならば、各国の民主政治を制限せざるを得ない。

2　もし、各国の民主政治を守ろうとするならば、グローバル化を制限しなければならない。

3　もし、グローバルな民主政治を実現しようとするならば、国民国家という枠組みは放棄しなければならない。

このように、グローバル化、民主政治、国民国家の三つは、同時に実現することができないのである。[*13]現在のEUは、まさに典型的に、この「トリレンマ」に陥ってしまっているのである。

ロドリックは、グローバル化、民主政治、国民国家の三つは同時に達成できないと論じたが、3の「グローバルな民主政治」というものは、観念的にはあり得ても、実際に実現することはほぼ不可能である。「国民主権」あるいは「国民自決権」の理念に明らかなように、民主政治は国民国家と密接に結びついているのが現実である。共通の文化や伝統をある程度共有しているヨーロッパですら、政治統合は実現できておらず、加盟国に国民主権の余地が残されている。したがって、ロドリックの言う「トリレンマ」とは、実質的には、「グローバル化」と「国民主権（国民国家＋民主政治）」との間の「ディレンマ（二律背反）」の問題と考えても差し支えないであろう。

そして、これまで論じてきたように、グローバル化は官僚制化とともに進行する。EU

も、経済統合を進めるために官僚制的支配を強化したが、それが現在、EU各国の国民主権との間で齟齬を来している。グローバル化と国民主権の間の二律背反とは、官僚制化と国民主権の二律背反でもあるのである。

このように考えると、序章で指摘した「官僚の反逆」という現象も、何ら不思議なことではなくなるであろう。

そもそもグローバル化は、国民主権とトレード・オフの関係にある。グローバル化を進めるべきだというのであれば、国民主権など踏みにじられても当然なのである。したがって、もしグローバル化を推進することが良いことであるならば、田中均が言ったように、そのためにアメリカの外圧を利用することも悪いことではないということになる。

しかも、グローバル化が官僚制化であるならば、官僚が外圧を利用してグローバル化を進めようとすることは、なおさら驚くべきことではなくなる。彼らは、ただ、ウェーバーの言う意味における「官僚」であることに忠実であろうとしているだけなのだ。

民主政治の自滅

しかし、問題なのは、官僚だけではない。

ダニ・ロドリックは、グローバル化、民主政治、国民国家の三つは同時に達成し得ない「トリレンマ」の関係にあると論じた。また、ナオミ・クラインをはじめとする新自由主義やグローバル化に対する批判者の多くも、それらが民主主義の理想を脅かすものであると考えてきた。

他方、新自由主義者の側はと言えば、サミュエル・ハンチントンの警告やジェームズ・ブキャナンの理論に従って、民主政治が財政健全化や経済の自由化を妨げるものだとみなし、民主政治の隔離、あるいは「非政治化」の戦略を追究してきた。

つまり、新自由主義者もその批判者も、民主政治（より正確には「国民主権」）と新自由主義あるいはグローバル化が矛盾するという点では、一致しているというわけだ。

ところが、奇妙なことに実際には、新自由主義的な構造改革もグローバル化も民主政治の支持、しかも熱狂的な支持を得ていたという例が少なくないのである。

例えば、イギリスのサッチャー首相の新自由主義やブレア首相の「非政治化」戦略、あるいは日本の橋本首相の「六大改革」は、少なくとも彼らの在任期間中は世論の支持を得ていた。新自由主義的な政策を実行したアメリカのレーガン大統領や日本の小泉首相は、在任期間中はもちろん、現在でも高い人気を誇っている。

しかも、二〇〇八年の世界金融危機の後、財政出動の必要性が高まったにもかかわらず、アメリカでは、ティーパーティなど財政赤字の拡大を批判する勢力が台頭し、オバマ大統領が率いる民主党は一〇年の中間選挙で敗北した。オバマ大統領の積極財政路線は、民主政治によって妨げられているのである。また、日本においても、政府支出の削減はむしろ民主政治の要求であるし、財政支出の拡大は批判の的となっている。消費税率の引き上げについてすら、世論調査では支持が不支持を上回っている。あるいは、民主党政権による事業仕分けという政府支出の削減のパフォーマンスは、世論の高い支持を獲得したのである。

つまり、民主政治が財政赤字の拡大を要求するというブキャナンの理論は、反証されているのである。むしろ民主政治は、新自由主義やグローバル化といった「非政治化」を望んでいるのだ。これはいったい、どういうことであろうか。

この点に関し、テイヴォ・テイヴァイネンによるフジモリ政権の研究は、示唆に富んでいる。テイヴァイネンによれば、ペルーの議会はフジモリの新自由主義的な構造改革に抵抗していた。そこで、フジモリは、過疎地の農村に分け入って自らの構造改革を農民に直接訴えるなど、人気主義（ポピュリズム）的な手法を多用して一般大衆の支持を拡大させたのである。フジモリの戦略は、大衆に直接訴えかけることで構造改革の妨げとなる議会を弱体化させ、自らの民主的正統性を確保するところにあった。こうして大衆の支持を得たフジモリは、官僚制的支配を強化して、構造改革を実行に移したのである。

このペルーの事例から分かることは、間接民主政治と直接民主政治では、同じ民主政治であっても、新自由主義に対する反応が異なるということである。議会という間接民主政治は、確かに新自由主義には反対したのであるが、直接民主政治はそれをむしろ要求したのである。

興味深いことに、同様の事例は日本においてもみられる。例えば、小泉首相は「改革の本丸」と位置付けた郵政民営化が参議院において否決されると、衆議院を解散して選挙に打って出るという手法をとり、大衆の圧倒的な支持をかち得た。小泉首相は、間接民主政治が構造改革に敵対したので、直接民主政治を味方につけたのである。最近でも、大阪市の橋下徹市長は、新自由主義的な構造改革を唱えて市議会と対立しているが、人気主義的な手法によって大衆の支持を得ている。

つまり、新自由主義によって破壊される民主政治もあれば、新自由主義を歓迎する民主政治もあるのである。

「自由民主政治」対「大衆民主政治」

ここで、民主政治には、二つの相反するタイプがあることを想起すべきである。すなわち「自由民主政治」と「大衆民主政治」であり、オルテガが言う「古い民主主義」と「超民主主義」である。この区分に沿って整理するならば、新自由主義やグローバル化と対立するのは、「言論の府」たる議会を介した間接民主的な「自由民主政治」である。これに対して、直接民主的な「大衆民主政治」はグローバル化を支持するのである。

したがって、ロドリックの「トリレンマ」は、より正確には、「グローバル化」「自由民主政治」「国民国家」の間の関係とみなすべきであろう。グローバル化や新自由主義は、「自由民主政治」を破壊するが、「大衆民主政治」とはむしろ手を結ぶのである。

この現象は、ウェーバーの官僚制の分析を適用することによって、その本質がいっそう明らかとなる。

というのも、ウェーバーの理論に依拠すれば、グローバル化とは官僚制化であると理解することができるが、同時に、第一章において確認したように、官僚制化は大衆民主化の随伴現象でもあるからだ。「グローバル化」とは「官僚制化」であり、「官僚制化」とは

「大衆社会化」である。この三つは、同時に成立し得るのである。

ここに、「グローバル化」「官僚制化」「大衆社会化」の「トリレンマ」ならぬ「トリニティ（三位一体）」が成立する。現代の世界を特徴づけるものは、この恐るべきトリニティなのである。

一九七〇年代、ハンチントンは、「統治能力の危機」をもたらしたものは大衆民主政治であると診断し、民主政治に対して節度を求めた。しかし、大衆民主政治は節度をもつことなく、新自由主義と結びついて官僚制化をグローバルに推し進めた。そして、その結果として成立した「グローバル化」「官僚制化」「大衆社会化」のトリニティは、リーマン・ショックやユーロ危機にみられるように、グローバルな「統治能力の危機」をもたらすこととなった。

統治能力の危機を克服するために、自由民主政治を官僚制的支配に代えようとした新自由主義のプロジェクトは、こうして完全な失敗に終わったのである。

＊1――サミュエル・ハンチントン、ミッシェル・クロジエ、綿貫譲治『民主主義の統治能力――その危機の検討』サイマル出版

会、一九七六年。

＊2—James M. Buchanan and Richard E. Wagner, *Democracy in Deficit: The Political Legacy of Lord Keynes*, in *The Collected Works of James M. Buchanan*, Vol.8, Liberty Fund, 2000.

＊3—Antonio Gramsci, *Selections from the Prison Notebooks*, International Publishers, 1971, pp. 169.

＊4—カール・ポラニー『大転換——市場社会の形成と崩壊』東洋経済新報社、一九七五年、一八九頁。

＊5—Shalini Randeria, 'De-Politicization of Democracy and Judicialization of Politics,' *Theory, Culture & Society*, Vol. 24, No. 4, pp. 38-44.

＊6—Teivo Teivainen, *Enter Economism, Exit Politics: Experts, Economic Policy and the Damage to Democracy*, Zed Books, 2002.

＊7—James Crotty and Kang-Kook Lee, 'Was the IMF's Imposition of Economic Regime Change in Korea Justified?: A critique of the IMF's economic and political role before and after the crisis,' *Political Economy Research Institute, University of Massachusetts Amherst, Working Paper*, No.77, 2004.

＊8—李康國「韓国の成長、分配そしてグローバル化——平等主義的成長から低成長と格差拡大へ」、徐勝・李康國『韓米ＦＴＡと韓国経済の危機——新自由主義経済下の日本への教訓』晃洋書房、二〇〇九年。

＊9—村松岐夫『行政学教科書（第二版）』有斐閣、二〇〇一年、四四—四五頁、七九—八一頁。

＊10—ジェローム・トゥルナドル＝プランク「サッチャーからブレアに引き継がれたＮＰＭ」ル・モンド・ディプロマティーク日本語・電子版、二〇〇九年十二月。

*11—A.D. Levy, 'Does an Independent Central Bank Violate Democracy?' *Journal of Post Keynesian Economics*, Vol. 18, No. 2, December, 1995, pp. 189-210.

*12—Joseph E. Stiglitz, *Freefall: America, Free Markets, and the Sinking of the World Economy*, W.W. Norton, 2010, pp. 261-265.

*13—Dani Rodrik, *The Globalization Paradox: Democracy and the Future of the World Economy*, W.W. Norton, 2011, pp. 200-206.

第四章　反逆の真相

官僚という問題

九〇年代以降、日本はさまざまな改革を試みてきたが、官僚のあり方をどうするかは、常にその一連の改革の焦点の一つであり続けた。官僚制は、日本国家の最大の問題と言ってもよいかもしれない。

例えば、一九九七年の行政改革会議報告書は、次のように謳っている。

今回の行政改革は、「行政」の改革であると同時に、国民が、明治憲法体制下にあって統治の客体という立場に慣れ、戦後も行政に依存しがちであった「この国の在り方」自体の改革であり、それは取りも直さず、この国を形作っている「われわれ国民」自身の在り方にかかわるものである。

ここで示されているのは、行政の改革が、国家や国民の改革でもあるという認識である。これは、裏を返せば、日本が、行政が国家や国民のあり方を決める官主導の国であったという前提に立っているということである。

この報告書の理念に基づき、二〇〇一年、中央省庁再編が行われ新たな行政機構が成立した。それにもかかわらず、日本の政治は官主導であるという見解は、依然として根強い。例えば、政治学者の飯尾潤は、二〇〇七年に出版した『日本の統治構造』（中公新書）という著作のサブタイトルを「官僚内閣制から議院内閣制へ」としている。また、二〇〇九年、民主党は、「官主導から政治主導へ」、あるいは「脱官僚依存」をスローガンに掲げて大衆の支持を拡大し、マニフェスト選挙によって政権の座に就いた。その後も、官主導の政治を批判する著作や記事は、絶える気配がない。

ところが、自民党政権が推進してきた行政改革をはじめとする構造改革も、民主党政権を成立させたマニフェスト選挙も、これまでみてきたように、いずれも「官僚制的支配」をむしろ強化させるものであった。大衆は、政治主導を求めながら非政治化を求め、官僚を批判しながら、さらなる官僚制化を望んだというわけだ。官僚制化とは大衆社会化の随伴現象であるというウェーバーの洞察は正しかった。

もし、そうだとするならば、これまで大衆が飽くことなく官僚制を批判し続け、官僚制化を求めてきたのは、日本の行政の非政治化・官僚制化が不十分だったからではないだろうか。つまり、日本の官僚が官僚らしくなかったから、官僚制化を好む大衆の攻撃の的となったということである。

日本の官僚制に関する誤解

ただし、日本の官僚が官僚らしくないというのは、官僚が分をわきまえずに政治を意のままに動かしていたというような意味では決してない。なぜなら、そもそも、日本の政治は官主導などではなかったからだ。

一九八〇年代の政治学、行政学あるいは政治経済学は、丹念な実証分析を積み重ねることによって、日本の政治が官僚優位ではなく政党優位であったことを明らかにしていた。行政改革を求める声が高まる一九九〇年代以前に、官主導国家という通俗観念はすでに覆されていたのである。村松岐夫は、こうした研究をリードしてきた行政学者の一人である。

村松は、敗戦後から復興期にかけては、確かに官僚の権限が強く政治に対しても優位に立っていたが、一九五五年に保守合同により自由民主党が誕生し、いわゆる五五年体制が成立して以降は、自民党が官僚に対して優位となっていったと論じた。

政治の優位を示すものとして村松が重要視するのは、一九六〇年代から始まった「与党審査」である。「与党審査」とは、各省の法案や予算案は、閣議決定をする前にすべて自民党の政務調査会と総務会の承認を得なければならないという手続きである。[*1] 自民党政権下では、確かに政策立案は官僚に大きく委任されてはいたが、それをもって、官僚主導ということはできないと村松は言う。なぜなら、官僚は、政策立案の権限を委任されても最終的な決定権を自民党に握られているので、自民党との事前調整を入念に行い、あらかじめ自民党の反応を予測して成立しやすい法案や予算案を作成したからである。[*2] こうして、自民党と官僚制の密接な提携関係の下、さまざまな政策が遂行された。村松は、これを「政官スクラム型リーダーシップ」と呼んでいる。

ちなみに、法案の与党との事前協議という慣行は、イギリス、ドイツ、フランス、アメリカにはみられない日本独特のものである。例えば、イギリスでは、公務員は「国王に対する奉仕者(His or Her Majesty's Servant)」と位置付けられている一方、政府の大臣職を除く一般の議員は「政府の公職にない議員(Private Member of Parliament)」と位置付けられており、両者は公務に関する接触をしないことが長年の慣行となっている。このため、政府と与党間の事前協議は基本的になく、議会に提出される法案内容を首相と関係大臣などの関係者しか知らないこともある。ドイツでも、与党による法案の審査は連邦議会への提出後であって、事前審査はない。フランスでは、議会に対する政府の力が極めて強く、政府と与党間の事前調整は極めて限定的である。アメリカでは、もともと政党の政策形成における役割が小さく、議員個人の行動が議会活動の中心であるため、政府・与党間の事前調整は基本的に存在しない。[*3] ところが日本の官僚は、国会提出前の法案に対する与党の介入を排除できないのであり、その意味では、日本は欧米諸国以上に政治主導であるとすら言えるのである。

また、日本が他の先進国に比べて「大きな政府」であるとか、権限が強力であるといった批判も誤解に基づくものである。例えば、八〇年代を通じて、日本は、OECD各国と比較して、全雇用に占める公務員の比率もGDPに占める政府支出の比率も、小さい方に属してきた。また、日本の法律の多くは制裁措置がないことや、土地収用法という強権的な法律があまり利用されない傾向にあることから、政府の権限についても決して強いとは言えないという研究もある。[*4]

なお、日本が中央集権的で、地方分権が進んでいないという通俗観念が根強くあるが、これについても村松は、一九九四年の段階で否定的な見解を示していた。

例えば、地方の財政支出総額（四十五兆円）は先進国の連邦制の地方支出額に匹敵する。地方の自主財源は約三割だが、これも先進国では比較的高い。歳出をみても地方は全政府部門の七割を占め、先進国でもかなり高い方であり、地方が行政活動の多くを分担している。ただし、それは、中央が地方に仕事を押し付けているからではなく、地方がニーズに合わせて自主的に、中央の予算や仕事を引っ張ってきたからなのである。

また、法形式上は、中央は地方に法律で事務を強制しているが、実際の地方行政を実証的に観察すると、地方に非常に広い裁量権が与えられているケースが多い。中央集権を示すものとして悪名高い「機関委任事務」にも誤解が多い。機関委任事務は、少数の強制度の強いもの以外は基本的に地方の裁量の余地が大きく、しかも、そもそも地方の事務だったものを中央が形式上引き取ったものが多い、と村松は指摘している。なお、その後、機関委任事務は二〇〇〇年に廃止され、通達行政も廃止されている。

戦後、中央と地方との関係が次第に密接になっていったのは事実である。しかし、それは福祉国家化に伴って、行政の事務が増加し複雑化したからである。同じ理由から、英米でも中央集権化が進んできていると村松は指摘している。[*5]

政治的官僚

ただし、日本の官僚制が予算や人員、あるいは権限といった行政資源の面で弱小であることは、その役割が小さいということを意味しない。村松は、日本の官僚は、行政資源の少なさを補うためにその管轄を拡大し、活動量を過剰なまでに増大させたとする。行政資源の弱小さにもかかわらず、政府が「大きくて強い」という印象が抱かれるのは、この官僚の所管の広さと活動量の大きさゆえであろう。

日本の官僚は、行政を政治の一部と考え、政治のただ中に積極的に入り、さまざまな利害調整の過程を経て公益を実現しようと活発に活動していた。こうした官僚のタイプを村松は「政治的官僚」と呼び、真渕勝は「調整型官僚」と呼んでいる。[*6]

通俗的な官僚批判における官僚のイメージは、官尊民卑の傾向にあり、政治の上に立ち、社会とも隔絶して、自らの理想としての公益を追求するような傲然とした「国士型官僚」である。こうした「国士型官僚」がかつては多かったのは事実であるが、それもせいぜい五〇年代から六〇年代半ばまでである。七〇年代には、「国士型官僚」は次第に減少し、

「政治的官僚」「調整型官僚」が優勢になっていった。この変化は、五五年体制の成立や自民党の与党審査プロセスの確立の時期とも合致する。

「政治的官僚」「調整型官僚」は、政官スクラム型リーダーシップの中にあって、政治家や利益集団との間の調整や人脈作りに膨大な時間と労力を費やしていたのである。また、「政治的官僚」は、公益は政治の利害調整の結果として見出されるものであり、行政もそうした利害調整のプレイヤーの一人であると考えていたがゆえに、官僚としての立場や利益を主張しもした。「政治的官僚」は、政治の決定した政策を単に執行するだけの存在ではなかったのである。その意味で、日本の官僚は、確かにウェーバー的な意味における「官僚」らしくなかったのである。

他方で、政官スクラム型リーダーシップにおいては、政党や政治家の活動量も小さくはなかった。官僚が政治的に動き、自己主張もしたとはいえ、それはあくまで政治家の委任に基づくものであった。ただ、委任の範囲が大きかったので、官僚が大きな裁量をもったかのようにみえたのである。[*7] 政官スクラム型リーダーシップは、基本的には政治主導なのである。

また、官僚が政治的にも動いて利害調整に乗り出す一方で、政治家も「族議員」に代表されるように、特定の分野における専門的・技術的な知識を蓄積していった。行政が政治化し、政治が行政化したのである。こうして、政治と行政の境界は曖昧になっていった。

ただし、政治と行政の境界が曖昧になるという現象は、日本に限ったことではなかった。ジョエル・アバーバック、ロバート・パットナム、バート・ロックマンは、七〇年代のアメリカ、イギリス、フランス、ドイツ、イタリア、オランダ、スウェーデンの政治と行政の関係を綿密に調査し、いずれの国においても、行政が政治化するという傾向が、多かれ少なかれ、みられたことを明らかにした。西洋先進諸国では、産業資本主義の発達、福祉国家化の要求、ケインズ主義の影響等により国家運営が複雑化したため、政治家と官僚がお互いの本来の領域に相乗りして、協同する必要が生じたのである。

一般には、政治家の役割は政策を企画立案し、利害調整を行うことであるのに対し、官僚の役割は政策を執行することであり、またそうあるべきだと考えられている。しかし、実際には、どの西洋民主主義諸国においても、官僚は、政策の執行のみならず、政策の企画立案や利害調整についても政治家と役割を共有するようになっていた。*10「政治的官僚」は、日本特有のものではなく、社会が複雑化していく時代の要請だったのである。

政官スクラム関係の崩壊

村松岐夫は、五五年体制の成立以降の日本において、官主導ではなく、政官スクラム型リーダーシップが長く機能してきたことを明らかにした。官僚は政治化し、ウェーバー的な官僚像から大きく逸脱して役割を担ってきたのである。

だが、その村松が、二〇一〇年の著作において、この政官スクラム型リーダーシップが九〇年代に動揺し、二〇〇〇年以前にはすでに崩壊していたと論じることとなったのである。政官スクラム型リーダーシップの崩壊とは、与党が官僚を使うことに利益を見出せず、政官の密接提携関係が解消することを意味する。

村松は、九〇年代に政官スクラム型リーダーシップが崩壊していった原因として、グローバル化、非自民七会派の細川政権の成立、長期不況と財政難という三つの仮説を立てているが、本書の趣旨からして特に重要なのは、グローバル化の影響である。

なぜ、グローバル化が政官スクラム型リーダーシップを崩壊させたのだろうか。村松は、グローバル化とともに、既存のルール・規範群に代わる新たなものが求められ始めたのではないかと指摘している。グローバルな基準が国内化し、これまで国内で通用していた政官スクラム型リーダーシップのルール・規範群が「不透明」なものとみなされるようになったというのである。[*9]

このことは、本書のこれまでの議論を踏まえて解釈すれば、次のようになる。グローバル化とは、ウェーバー的な「官僚制化」現象が世界中に浸潤し、統治における「非政治化」が進展することである。これに対して、これまでの政官スクラム型リーダーシップにおいて、日本の官僚は、ウェーバー的な官僚像から著しく逸脱して政治化していた「政治的官僚」であった。したがって、グローバル化＝官僚制化・非政治化が受け入れられるのであれば、日本の政治的官僚は、当然の帰結として問題視されることになる。そこでグローバル化に対応した行政改革が必要だと認識されることになる。その場合、行政改革の狙いは、要するに、政治的官僚を非政治化することとなるのだ。

だが、グローバル化とは全般的な非政治化・官僚制化である。したがって、官僚の非政治化だけにはとどまらず、政治の官僚制化・非政治化も進められる。統治構造全体が、官僚制的支配の下に置かれるのである。村松が「政官スクラム型リーダーシップの崩壊」としてみたものは、統治構造の全般的な非政治化・官僚制化のことだと言ってもよい。

官僚内閣制?

飯尾潤も、グローバル化が、従来の行政システムを動揺させた要因の一つであるとみなしている。ところが、飯尾はそれを危惧すべきことではなく、むしろ、真の議院内閣制を成立させるための契機ととらえているのである。

飯尾は、戦後日本のこれまでの統治構造を、議院内閣制の原則から逸脱した「官僚内閣制」と呼んで否定的にとらえている。飯尾によれば、本来、議院内閣制は、行政権を担っている内閣が議会の信任によって成立することで、首相に権力が集中する仕組みである。また、有権者は国会議員を選任し、国会議員が首相を選任し、首相が大臣を選任し、大臣は官僚の補佐を受ける。このように、議院内閣制では、有権者から首相・大臣・官僚へと権限委任の連鎖が生じているので、有権者は最終的に官僚をコントロールできるはずである。ところが日本では、各省の大臣がこの権限委任関係を忘れ、官僚のお膳立てに乗って所管省の代表者として振る舞っている。このため、政府における最終的意思決定の主体が不明確化している。これが「官僚内閣制」である。

だが、この「官僚内閣制」は、グローバル化の到来によってうまく機能しなくなったと飯尾は言う。

第一に、グローバル化によって、透明性のある決定が必要になった。グローバル化は、「何がルールで、どこで決められているかを明確にしなければ、その国外の利害関係者は対処できない」という事態を引き起こしたのであり、したがって「透明性のない政治システムは、たとえば非関税障壁として、不公正な貿易慣行だと批判されるようになった」のである。

第二に、意思決定のコストを下げることが必要になった。かつては国家が国家内部で意思決定しさえすればよかったので、そのプロセスにコストをかけても問題は少なかった。しかし、グローバル化によって国家以外の主体との関係を調整する必要が生じたので、意思決定に時間や手間をかけていては、課題に有効に対応できなくなったのである[*10]。

要するに、グローバル化によって求められるのは、ルールの透明性の確保し意思決定の効率化や迅速化だということである。そこで、権力を内閣に一元的に集中する議院内閣制が必要になるのだと飯尾は主張するのである。

しかし、これまで論じてきたように、ルールの透明性や効率性・迅速性こそ、官僚制的支配の本質にほかならない。飯尾は、グローバル化の本質については、適切に理解してはいる。しかし、グローバル化が要請するルールの透明性、効率性あるいは迅速性といった性格は議院内閣制的なのではなく、むしろ官僚制的なのである。

政権交代の意味

ところで、日本ではなぜ、これまで議院内閣制から逸脱した「官僚内閣制」が存続してきたというのであろうか。飯尾は、次のような説を唱えている。

五五年体制の成立以来、自民党政権が長く続き、選挙によって政権政党が代わるという意味での政権交代が起きなかった。その結果、有権者から衆議院議員、衆議院議員から内閣総理大臣、内閣総理大臣から各大臣という権限委任の連鎖が意識されにくくなっていた。こうした中で、首相の意思で各大臣を選任するのではなく、派閥の力関係で大臣が決まるようになり、大臣ポストの分配のために大臣が原則一年交代となる慣行が生まれた。そのため、大臣としての適性を伸ばす機会が失われ、素人政治家が代わる代わる大臣となるようになり、官僚に操作されやすくなった。また、各大臣は、首相との権限委任関係を忘れて、各省の代表者として振る舞うようになった。

このように「官僚内閣制」は、政権交代のない自民党長期政権の産物なのである。したがって、政権選択選挙の実現は、官僚内閣制から議院内閣制への変革の大きな転機となるはずだ。飯尾は、二〇〇七年の段階でこのように主張していたのである。

しかし、長期政権と官僚内閣制の関係に関する飯尾の説明には、かなり無理がある。

第一に、自民党は、長く与党の座にあった時代においても、その座を守るために選挙に多大なエネルギーを費やさなければならなかったのである。したがって、自民党政権が長期化していたからと言って、自民党の国会議員たちに有権者から選ばれているという意識が希薄であったとは言えないだろう。

また、長期政権の首相や各大臣が、有権者との権限委任関係を意識しにくくなるというのも、必ずしも自明ではない。長期政権と言えば、日本の自民党以外にも、スウェーデンの社民党、イスラエルの労働党、フランスの保守連合、カナダの自由党等が挙げられる。これらの国々でも、有権者との権限委任関係に対する意識が希薄化していたという証拠がなければ、長期政権が官僚内閣制をもたらすとは言い切れないはずであろう。

第二に、派閥の力関係というものは、与党経験の長短にかかわらず、どの政党にも存在し得る。したがって、政権交代があっても、各大臣は新たな与党内の派閥の力関係で決まることがあり得る。自民党が派閥の力学で動くことと、与党の座に長くあったこととの因果関係は決して明らかではない。

第三に、四年に一度以上の頻度で行われる選挙によって政権交代が起きる可能性が高いのであれば、政権を担う時間もより短くなるのだから、大臣としての適性を伸ばす機会はより小さくなるはずであろう。むしろ族議員に典型をみるように、長期政権下の与党議員の方が、政策に関する卓越した知識や技術を蓄積し、官僚に対して優位に立つことができる可能性すらある。

このように考えると、長期政権が官僚内閣制をもたらしたとは言えないし、政権交代が議院内閣制をもたらしたとも言えない。むしろ、政権交代の可能性が高く与党の政治基盤が不安定である方が、政治に対する官僚の立場を優位にするかもしれないのである。さらに言えば、村松岐夫の「官民スクラム型リーダーシップ」仮説に依るならば、日本の統治構造を「官僚内閣制」だと言うのは適切ではない。

いずれにせよ、飯尾が待望した政権交代は、二〇〇九年の衆議院議員選挙で実現した。しかし、これで日本にも真の議院内閣制が実現したと評価する者は、今となってはほとんどいないだろう。民主党政権のパフォーマンスは、飯尾の説を反証してしまったように思われる。

「吏員型官僚」の台頭

グローバル化とは官僚制化であったが、官僚制化は、ウェーバーが喝破したように、大衆社会化の随伴現象である。大衆社会が官僚制的支配を招き寄せるのである。では、日本において大衆社会化はいつ頃から進展したのであろうか。

香山健一は、一九七五年に『文藝春秋』に「日本の自殺」を掲載し、日本の大衆社会化や過剰民主主義に対して、早くも警鐘を鳴らしていた。[*11] 他方、サミュエル・ハンチントンとともに『統治能力の危機』を論じた綿貫譲治は、一九七五年の時点で、日本はいまだにハンチントンの言うような「民主主義の過剰」には至ってはいないと論じていた。日本には、民主主義に節度を与えるような集団の規律や伝統的価値観の蓄積が残存しているからだというのである。しかし、八〇年代初頭には、そうした伝統の蓄積が枯渇し、過剰民主主義による統治能力の危機が起きるのではないかと綿貫は予測している。[*12] 大衆社会批判の代表的論客である西部邁も、日本の大衆社会化は七〇年代頃から顕著になったとみている。[*13]

こうしたことから、日本の大衆社会化は、七〇年代に進展し八〇年代には決定的になったと言ってよいだろう。

さて、ウェーバーやオルテガが正しければ、大衆民主政治は官僚制的支配を求めるものである。ならば、大衆社会化が進んだ八〇年代に官僚の非政治化も進んでいたはずであるが、果たせるかな、見事にそうなっているのである。

真渕勝は、一九八五〜八六年と二〇〇一年に、現役高級官僚の意識調査を実施し、次のような事実を明らかにした。

すでに述べたように、政治の上に立つような「国士型官僚」は六〇年代頃までは多数存在したが、七〇年代には村松が観察したような「政治的官僚」「調整型官僚」が優勢となった。ところが、八〇年代になると、「政治的官僚」とは異なるタイプの官僚が現れるようになった。真渕は、それを「吏員型官僚」と呼んでいる。

「吏員型官僚」は、「政治的官僚」との対比で、次のような性格をもっている。

政治的官僚は、行政を政治の一部と考え、政治の調整過程の中で行政独自の立場や利益を主張する。これに対して、吏員型官僚は、行政の政治的中立性を額面通りに受け止め、官僚の役割は政治によって与えられた政策の忠実な遂行であると信じている。そして、政治が明確な方向性を示してくれるのを待っているのである。

また、政治的官僚は、政治の利害調整の中から公益が見出されると考えている。これに対し、吏員型官僚は、行政の能率こそが最大の価値尺度であると考え、しかも能率は測定可能であると信じているのである。

　真渕が見出した「吏員型官僚」とは、まさにウェーバーが抽出した官僚像の理念型に忠実と言ってよいほど近い。それは、いかにも官僚らしい官僚の姿なのである。しかも、この吏員型官僚が増えた八〇年代とは、大衆社会化が進展した時期とも一致する。大衆が求める行政の非政治化・官僚制化は、八〇年代には始まっていたのである。言い換えると、九〇年代に始まるグローバル化による官僚制的支配の拡大は、それ以前に、大衆社会化によって用意されつつあったということだ。

　真渕は、この吏員型官僚が二〇〇一年の調査では、さらに増えていることを確認している。一九八五～八六年の調査と比較し、行政の裁量の範囲を「減らすべき」と答えた官僚の比率は二倍以上に増え、「増やすべき」と答えた官僚の比率は半分以下になった。また、調整よりも能率を重視する傾向がさらに強まり、しかも能率の測定が可能であると答える者が二倍近くにまで増えたのである。この官僚の非政治化は、「政官スクラム型リーダーシップ」が九〇年代にすでに崩壊していたという村松の観察とも一致している。

　しかも、このような政官関係の変化や官僚の非政治化は、日本だけで起きた現象ではないようである。

先ほど参照したように、アバーバックらは、一九七〇年代の西洋諸国においては、政治と行政の境界が曖昧になる傾向があったことを確認していた。その際、彼らは、イギリスについては、政治家と官僚が相互に尊重し合う安定した関係を築いていると観察していた。ところが、グラハム・ウィルソンとアンソニー・バーカーの研究は、一九八〇年代以降、このイギリスの政官の安定的な関係が崩れ始めたことを明らかにしたのである。

イギリスの政官の関係が変化した背景には、保守党のサッチャー、メージャー政権やそれを引き継いだ労働党のブレア政権による新自由主義的な行政改革があった。社会民主主義やケインズ主義の「大きな政府」を敵視したサッチャーらは、それらを支える官僚にも不信感を抱き、官僚の経済運営における裁量や政策立案機能を制限したのである。

その結果、イギリスの官僚たちは自信を喪失し、政権の政策に異論を唱える気力を失っていった。政治家が政策を立案し、官僚は政治家に従属して決められた政策を忠実に執行するだけとなったのである。そして彼らは、サッチャー、メージャー政権やブレア政権の「非政治化」戦略に従い、それを遂行していった。グローバル化や大衆社会化の中で、イギリスの官僚も「吏員型」化したのだ。[*14]

小泉内閣の官僚操縦

日本の官僚は、九〇年代にかけて非政治化され、「政治的官僚」から「吏員型官僚」へと性格を変えていた。もし、そうであるならば、小泉構造改革は官僚の支持を得たはずである。なぜなら、小泉構造改革の本質は、非政治化・官僚制化の徹底にあったからだ。仮に官僚たちが「政治的官僚」であったならば、小泉改革による非政治化に抵抗したであろう。しかし、もし官僚たちが「吏員型官僚」であったならば、非政治化・官僚制化は彼らにとって当然に受け入れるべきものであるばかりか、積極的に目指すべきものとなる。

実際、小泉政権は官僚機構と対立するのではなく、むしろ官僚を巧みに操縦したことが知られている。例えば、二〇〇四年に設けられた内閣官房郵政民営化準備室では、室長には前農林水産事務次官、副室長には前総務審議官及び前金融庁長官が任命され、準備室審議官には財務省関東財務局長が起用された。小泉政権における内閣官房への各省官僚の登用は顕著であり、政権発足時には百人程度であったのが、政権末期には七百人規模にまで膨れ上がっていた。[*15] 小泉首相の首席秘書官であった飯島勲は、官邸に集めた官僚には人事で報いることで操縦したと述べている。「官邸に行けば昇進が早まる」ということで、官僚たちはこぞって官邸を目指し、率先して小泉政権の方針に従うようになったというのである。[*16]

村松岐夫は、官僚に仕事をさせるこうした小泉内閣の手法について、政官スクラムに代わる新しいリーダーシップの可能性を示したように思われると述べている。[*17]議院内閣制の確立を唱える飯尾潤もまた、小泉内閣の政権運営について「一般的な議院内閣制的な運用側面が、小泉内閣のもとで大きく進展したのである」と高く評価している。[*18]飯尾の見解によれば、小泉首相は、政治の調整過程において与党の抵抗を抑え内閣主導による改革を実現したのであり、それこそが、内閣が与党と一致することで権力を集中する議院内閣制の本来のあり方だというわけである。

確かに、小泉政権は官僚を巧みに操縦し、内閣の求心力を高めることに成功した。そのリーダーシップは、官僚が政治の委任の範囲内で積極的に活動するという従来の「政官スクラム型」とは明らかに異なる。

しかし、それは本当に望ましい統治のあり方だと言えるのだろうか。

小泉政権下の官僚とは、上からの指示に唯々諾々と従い、数値で測定できる業務の効率性を第一に考えるような「吏員型官僚」である。小泉政権の官僚操縦法とは、そうしたウェーバー的な吏員型官僚の目の前に出世の機会という餌をぶら下げ、しゃにむに働かせたというに過ぎないのではないか。それが本当に、あるべき行政の姿と言えるのだろうか。

小泉政権という官僚制的支配

しかも、吏員型官僚たちが実行した新自由主義的構造改革とは、行政のみならず政治・経済・社会の非政治化・官僚制化を徹底させるものであった。逆に言えば、小泉構造改革が、非政治化・官僚制化という吏員型官僚の理想を目指すものであったからこそ、吏員型官僚たちは進んで小泉政権に従ったのである。

官僚制化に拍車をかけるような行政改革案ばかりを提言していた古賀茂明も、飯島らによる官邸主導の官僚操縦法を高く評価している。[*19] もっとも、当の飯島は古賀について、「急進的に視界が狭くなってああなりました。『臨機応変』や『硬軟取り交ぜて』『以心伝心』といった素養が、古賀さんにはなにもない」「(組織の管理は) 鵜飼いみたいなものです。古賀さんは鵜にもなれません」と手厳しいのだが。[*20]

それはともかく、小泉政権が官僚を操縦することに成功した理由は、次の二つであると考えられる。

第一に、官僚がすでに、上からの指示によって容易に操縦されるウェーバー的な「吏員型官僚」と化していたからである。そして、第二に、小泉政権の目指す新自由主義的な構造改革が、ウェーバー的な官僚制的支配を徹底するものであったために、吏員型官僚たちの理想と合致し彼らの支持を得たからである。

しかも、日本の大衆民主政治は、小泉政権がウェーバー的な吏員型官僚を使って、自民党からは名望家的な政治家の残党を追放し、行政からは政治的官僚の残滓を一掃し、非政治化・官僚制化を推し進めていくのをみて熱狂的な支持を与えた。もし、小泉政権が官僚制化ではなく、政治化を目指していたならば、大衆の支持は得られず内閣への権力集中も実現できなかったであろう。

小泉政権は確かに新たなリーダーシップの可能性を示したかもしれないが、それは、大衆民主政治と吏員型官僚による「政官スクラム」だったのである。これは、官僚制的支配の完成型とも言うべきものである。あろうことか飯尾は、この官僚制的支配による権力集中をみて、議院内閣制が進展したものと誤解したのだ。

この新たな政官スクラムがさらにグローバル化と結びつけば、「グローバル化」「官僚制化」「大衆社会化」のトリニティが完成する。その結果、失われるのは「自由民主政治」

である。

誤った政治主導

もちろん、戦後日本の行政システムに、多くの問題があったことは否定できない。特に指摘されることが多いのは、内閣の全体調整機能の弱さと省庁の分立性の強さである。それが、政策の機動性の欠如や責任の所在の不明確化といった問題を引き起こす。いわゆる「縦割り行政（セクショナリズム）」の弊害である。九〇年代以降、行政改革や「政治主導」が繰り返し求められてきたのも、この縦割り行政の弊害ゆえであるのは間違いない。

例えば、行政改革会議最終報告は、戦後型行政の問題点の一つに、「各省庁の縦割りと、自らの所管領域には他省庁の口出しを許さぬという専横的・領土不可侵的所掌システムによる全体調整機能の不全」を挙げ、これを打開するために官邸・内閣機能の思い切った強化が必要であるとしている。

飯尾潤が日本の統治構造を「官僚内閣制」と呼んだのも、内閣の全体調整機能の欠如と各省庁の分立性・割拠性といった欠陥を表現するためである。そしてその欠陥を克服するために、内閣に権限を集中する「議院内閣制」の確立が必要だと主張するのである。

同じような観点から、新藤宗幸も、各省分立体制を問題視し、それが責任の所在の不明確化をもたらしたと厳しく批判している。新藤は「政治主導」の確立を求めるのであるが、その意味するところもまた、内閣指導体制の強化である。

このように、縦割り行政の弊害や責任の不明確化といった問題を克服するためには、官邸・内閣の全体調整機能の強化が必要だというのは、ほぼ自明のコンセンサスとなっている。そして、これまで、首相の権限を強化し、内閣主導・政治主導を実現するために改革が一貫して行われてきたし、実際、小泉政権が示したように、官邸機能は強化されたと言ってよい。

ところが、皮肉なことに、内閣主導・政治主導を強化するためと称して行われてきた行政改革は、ほぼ新自由主義の非政治化・官僚制化の戦略にのっとったものであった。そして、小泉政権は、強化された首相の権限を存分に活用して新自由主義的な構造改革を断行し、経済社会の全般にわたって官僚制化を徹底した。このような流れの中で、当の官僚もまた、「吏員型官僚」、すなわちウェーバーの理念型にほぼ忠実な「官僚」へと、その純度を高めていった。小泉政権は確かに内閣の総合調整機能を強化したが、その強化は、官僚制的支配によって実現したのである。

実際、小泉首相は、官僚たちを巧みに操縦し彼らとは必ずしも対立しなかったが、自民党の政治勢力とは対決した。彼は「自民党をぶっ壊す」と叫び、それを実行したが、その際の武器となったのが構造改革という官僚制的支配である。小泉改革とは、官僚制による政治の破壊だったのだ。

官僚の無責任化

しかも、構造改革が非政治化・官僚制化の徹底を意味するのであるならば、それは、責任の所在の不明確化という当初の問題を解決するのではなく、逆に悪化させることになるだろう。なぜならば、ウェーバーによれば、官僚とは、本質的に、責任を命令者である政治家に負わせ、自分では負わないものだからである。非政治化・官僚制化とは無責任化と同義なのである。

ウェーバーは言う。「上級官庁が——官吏の考えに反して——かれにはまちがっているとおもわれる命令に固執するとしよう。そのとき、この命令を命令者の責任において誠心誠意執行し、しかも、この命令がまるで自分自身の信念に一致しているかのように執行するといった能力、そうした能力こそ官吏の真骨頂なのである」。これに対して「政治的指導者、それゆえ指導的為政者の真骨頂は、自分が行った行為にたいする責任をもっぱら一身にひきうけることにこそある」（ウェーバー、四九三頁）。

官僚が自らの判断に基づいて行動するのであれば、その判断の責任を問うことはできる。だが、官僚に命令や規則の忠実な遵守だけを求め官僚独自の判断を禁止するならば、官僚がその命令や規則に従っている限り、その責任は命令や規則を決めた政治家にあるのであって、官僚に責任を問うことはできない。

もし官僚に責任を引き受けさせようとするなら、官僚は裁量の余地を認められた「政治的官僚」でなければならない。しかし、非政治化された「吏員型官僚」には、責任倫理を期待することはできない。官僚制の純化とは「非人間性」の徹底である。非人間化された機械装置に対して責任を負わせることはできない。責任とは、「政治的存在」である人間に固有の倫理だからだ。一方で、非政治化・官僚制化を徹底するような制度改革、そして意識改革を求めておきながら、他方で、官僚に責任倫理を求めるのは矛盾というほかない。官僚を非政治化するような構造改革こそが、官僚の無責任化を助長するのである。

逆に言えば、日本の官僚がすでに「吏員型官僚」と化している以上、制度や組織をどのように改変しても、官僚が責任を負うようにはならないであろう。

新藤宗幸は、日本の行政組織法においては、職位（ポジション）の権限と責任が不明確であることを、官僚の無責任な振る舞いの原因として批判する。[*21] しかし、仮に法律で権限と責任を明確化しても、現実の社会は複雑かつ変化するものであり、人間の想定の範囲には限界があるから、官僚がなすべきことのすべてについて、あらかじめ権限と責任を法で定めることはできない。どれだけ官僚の権限と責任を細かく法で定めても、定めきれない部分が必ず残るのである。その部分については、官僚が自らの裁量で柔軟に対応し、責任をもって問題を解決するしかない。しかし、「吏員型官僚」は、法律で決められたこと以外は、自らの責任で行動しようとはしない。むしろ、権限と責任を決めた法律を盾にして、自らの責任をできるだけ回避しようとするだけである。

このように、自分の所掌でなければ一切何もやらないという無責任な縦割り行政は、法律で権限と責任を明確化することでは回避できないのである。官僚の無責任化は、制度の問題というよりはむしろ、「吏員型」化した官僚の精神の問題なのである。

丸山眞男と辻清明の教え

「吏員型官僚」は、八〇年代頃から数を増し、九〇年代にはさらに顕著になった。その背景には、八〇年代の大衆社会化や新自由主義の流行、そして九〇年代のグローバル化があると考えられるが、これらに加えてもう一つ重要な要因がある。それは、戦後日本の政治学や行政学の影響である。

日本の政治学や行政学においては、戦後の統治構造の成立過程やその性格を巡って、「戦前戦後連続論」と「戦前戦後断絶論」という二つの学説の間で論争が行われてきた。

「戦前戦後連続論」は、戦前までの統治システムの残滓が、敗戦後の自由化や民主化の改革によっても完全には払拭されず戦後にも引き継がれたことを強調するものであり、辻清明によって唱えられてきた。これに対して、「戦前戦後断絶論」は、戦後の自由化・民主化による体制変更の効果を強調し、戦後、民主政治が発展し定着したと主張する。村松岐夫はこの立場をとっており、一九八一年の著作において辻の学説を批判している。

しかし、九〇年代以降の官僚批判の潮流や行政改革の運動は、基本的に辻清明以来の「戦前戦後連続論」の立場をとっているように思われる。

例えば、行政改革会議の報告書は、明治維新や戦後の改革を評価しつつも、「しかしながら、われわれは真にかつての社会・経済的拘束から脱皮し得たのであろうか」と述べており、明確に「戦前戦後連続論」に立っている。飯尾潤も、「戦前戦後連続論」の側面を強調し、縦割り行政の弊害が著しい官僚内閣制を戦前からの負の遺産とみなしている。[*22]新藤宗幸もまた、権限と責任が不明確な行政組織のあり方を、戦後の民主化改革の不徹底によるものと論じている。[*23]

このように、日本の官僚制を批判する最近の議論は、おおむね「戦前戦後連続論」を前提としているのである。この「戦前戦後連続論」を唱え、今日の官僚論にも支配的な影響を及ぼしている辻清明の議論とは、次のようなものであった。

辻の最大の問題意識は、日本の近代化が未熟であり、それが軍国主義と敗戦という災禍をもたらしたというところにあった。辻の歴史観によれば、明治維新は「単なる制度の外見的移植という意味での国家の近代化であり、本質的意味の市民革命ではなかった」がゆえに、日本の政治体制に封建的性格が残存することとなり、「わが国の官僚制がそのまま旧い封建的身分支配の原理を払拭しえなかった」のである。

そして、この近代化の未熟さこそが、「日本ファッシズムの統治構造」を生み出したのである。東京裁判においてみられた被告人の間の責任のなすり合いなどは、そうした近代化が不徹底な統治構造の産物にほかならない。その戦前の封建的性格は、戦後においても完全に払拭されていない。辻は、このように論じたのである。

このような近代主義的な歴史観・国家観は、戦後の日本において支配的な見解となり、今日においても大きな影響力をもっているが、その形成に最も大きく寄与したのは丸山眞男であろう。

一九四六年、丸山は「超国家主義の論理と心理」という論文を発表し、一躍有名になった。この論文の中で丸山は、戦前・戦中の統治構造を「超国家主義」と呼び、「上からの圧迫感を下への恣意の発揮によって順次に移譲して行く事によって全体にバランスが維持されている体系」であると分析し、「これこそ近代日本が封建社会から受け継いだ最も大きな『遺産』の一つということが出来よう」と断じた。[*24] 丸山も、辻と同様に、東京裁判における被告人たちの主体性のなさや無責任さを、近代化が未熟な超国家主義の産物とみなして非難するのである。

丸山は、ゲマインシャフト（共同体）的な人間関係から個人を解放し、ゲゼルシャフト（自発的結社）的な人間関係を一般化することが近代化であり、それによって自由な秩序が成立するという信念をもっていた。[*25] 丸山は、敗戦と占領統治は、そうした封建制の遺物を残した統治構造を破壊したと歓迎するのである。「日本軍国主義に終止符が打たれた八・一五の日はまた同時に、超国家主義の全体系の基盤たる国体がその絶対性を喪失し今や始めて自由なる主体となった日本国民にその運命を委ねた日でもあったのである」[*26]。

辻清明の官僚論もまた、こうした丸山的な近代主義と通底している。辻は、この前近代的・封建的遺制を残し軍国主義をもたらした戦前の統治構造は、戦後にも連続していると主張する。そして、内閣の総合調整能力の欠如、「縦割り行政」の割拠性、責任の所在の不明確化といった日本の官僚制の欠陥は、戦前から払拭されていない封建的遺制であるとするのである。

そうだとすると、縦割り行政の解消や責任の明確化といった改革を実現するためには、日本の官僚制に残る封建的・前近代的な残滓を一掃し、近代化を徹底しなければならないということになる。それが「戦前戦後連続論」の含意なのである。

ウェーバーの転倒

しかし、この議論は、ウェーバーの官僚論を転倒させてしまっている。丸山や辻は、ゲマインシャフト的人間関係を破壊して、ゲゼルシャフト的人間関係を一般化すれば、責任ある主体が確立すると考えている。ところが、ウェーバーはその逆に、「官僚制化というものは、『ゲマインシャフト行為』を合理的に組織された『ゲゼルシャフト行為』に転移させる特定の手段[*27]」であり、その官僚制化が主体の無責任化をもたらすと論じたのである。つまり、もし丸山や辻が望んだように、統治構造に含まれる前近代的遺制を撤廃し近代化を徹底するならば、官僚の責任はいっそう不明確になるだろうというのが、ウェーバーの理論の含意であったのだ。

ところが、奇妙なことに、丸山自身はこのことに気づいていた節がある。

丸山は、「超国家主義の論理と心理」の三年後に発表された「軍国支配者の精神形態」という論文の中で、辻と同様に、東京裁判における被告人たちの責任のなすり合いを非難し、日本の軍国主義の統治構造を「無責任の体系」と呼んでいる。この「無責任の体系」という概念もまた有名であり、今日でも、官僚制批判の文脈でよく引用されている。ところが、丸山は、東京裁判の被告人である「軍国支配者」たちについて次のように言うのである。「彼等がどんなに政治的に振舞っても、その魂の底にはいつもM・ウェーバーのいう『官僚精神』(Beamtengeist) が潜んでいる[*28]」。

ウェーバーを引いているということは、丸山は、「軍国支配者」は封建的だからではなく、その逆に官僚制的すなわち近代的だから無責任であったのだと論じているということである。ここでの丸山の立場は、実は、辻とは正反対なのだ。丸山は、一方で、このように近代社会の病理を突いたウェーバーの官僚制論の本質を的確に理解していながら、他方で、辻とともに、戦後日本における近代主義の先頭に立っていたのである。そのような丸山の政治思想こそ、「無責任の体系」と言うべきではないだろうか。

いずれにせよ、丸山や辻に代表される戦後日本の近代主義は、大学教育や社会の風潮などを通じて、官僚たちの精神形成にも大きな影響を及ぼしたものと考えるのが自然である。実際に、丸山や辻、あるいはその弟子たちの教え子が、大学を卒業して官僚になる場合も少なくなかったであろう。

戦前から連続する封建制的な残滓を一掃し、近代化を推し進め、ゲマインシャフトを破壊して、ゲゼルシャフト的な人間関係を一般化しなければならない。そのような近代主義を教え込まれ、それを信じて官僚となるならば、その者は当然にしてウェーバー的な「吏員型官僚」を理想とするはずである。八〇年代半ばあたりからその数を増した「吏員型官僚」とは、丸山や辻のような近代主義者たちが企てた戦後日本の啓蒙活動の産物だったのではないだろうか。

こうして産み出され、大衆社会の中で成長した「吏員型官僚」たちは、丸山や辻の近代主義の教えに従って、日本に残る前近代的な社会的拘束を撤廃し近代化を完成させて、日本国民を自由な主体へと解放することを使命としたのである。古賀茂明が日本の公務員制度を「平成の身分制度」と呼んで目の敵にしているのは、その分かりやすい例である。彼ら「吏員型官僚」たちの近代主義に、アメリカから輸入された新自由主義のイデオロギーはよくなじんだはずである。戦後日本の近代主義も、アメリカの新自由主義も、共通するのはウェーバー的な官僚制化だからだ。

こうして、「吏員型官僚」たちは、九〇年代以降、官僚制化＝グローバル化の徹底に向けた改革に邁進した。そしてついに、TPPを巡る元官僚たちの一連の発言にみられるように、農村共同体というゲマインシャフトを破壊し、農業生産の効率化という官僚制化を実現するためには外圧を使ってもよいと悪びれもせずに公言するに至ったのである。いや、悪びれるはずもない。非政治化・官僚制化による自由民主政治の破壊こそが、グローバル化の潮流であり、経済学の主流であり、大衆民主政治の要請であり、そして戦後日本の近代主義の教訓なのだから。田中均は「結果をつくるためにアメリカの力だって活用する、それが悪いことだとは全く思いません」と断言したが、何も驚くことではない。田中は、心底そう信じているのである。

これが、「官僚の反逆」の真相である。

＊1―村松岐夫『政官スクラム型リーダーシップの崩壊』東洋経済新報社、二〇一〇年、二二一―二二二頁。
＊2―村松岐夫『日本の行政――活動型官僚制の変貌』中公新書、一九九四年、二〇四―二〇八頁。
＊3―榊原英資編『日米欧の経済・社会システム』東洋経済新報社、一九九五年、二四一―二六頁。
＊4―松村、一九九四年、二八―二九頁。
＊5―村松、一九九四年、第六章。
＊6―真渕勝「官僚制の変容――萎縮する官僚」、村松岐夫・久米郁男編著『日本政治変動の30年――政治家・官僚・団体調査に見る構造変容』東洋経済新報社、二〇〇六年。
＊7―村松、二〇一〇年、二六七頁。
＊8―Joel D. Aberbach, Robert D. Putnam, Bert A. Rockman, *Bureaucrats and Politicians in Western Democracies*, Harvard University Press, 1981.
＊9―村松、二〇一〇年、三〇―三一頁、二四二―二四三頁。
＊10―飯尾潤『日本の統治構造――官僚内閣制から議院内閣制へ』中公新書、二〇〇七年、二二五―二二七頁。
＊11―グループ一九八四年『日本の自殺』文春新書、二〇一二年。なお、この中で、産経新聞編集委員の大野敏明によって、「グ

ループ一九八四年」とは香山健一であったことが明かされている。

＊12―サミュエル・ハンチントン、ミッシェル・クロジエ、綿貫譲治『民主主義の統治能力――その危機の検討』サイマル出版会、一九七六年、一六七―一七〇頁。

＊13―西部邁『大衆の病理――袋小路にたちすくむ戦後日本』NHKブックス、一九八七年。

＊14―Graham K.Wilson and Anthony Barker, 'Bureaucrats and Politicians in Britain,' *Governance: An International Journal of Policy, Administration and Institutions*, Vol.16, No.3, July 2003, pp.349-372.

＊15―新藤宗幸『政治主導――官僚制を問いなおす』ちくま新書、二〇一二年、七九―八一頁。

＊16―飯島勲『官僚』青志社、二〇一二年、一七八頁。

＊17―村松、二〇一〇年、二六四頁。

＊18―飯尾、一九九頁。

＊19―古賀茂明『日本中枢の崩壊』講談社、二〇一一年、二〇八―二〇九頁。

＊20―飯島、一一六頁。

＊21―新藤、二〇一二年、九六―一〇〇頁。

＊22―飯尾、第一章。

＊23―新藤、二〇一二年、九四―九八頁。

＊24―丸山眞男「超国家主義の論理と心理」『丸山眞男セレクション』平凡社ライブラリー、二〇一〇年、七六頁。

＊25―佐藤誠三郎「丸山眞男論」『「死の跳躍」を越えて：西洋の衝撃と日本』千倉書房、二〇〇九年、三一六頁。

＊26―丸山、八〇頁。
＊27―マックス・ウェーバー『現代社会学大系5 社会学論集――方法・宗教・政治』青木書店、一九七一年、三四一頁。
＊28―丸山眞男「軍国支配者の精神形態」『丸山眞男セレクション』平凡社ライブラリー、二〇一〇年、一七一頁。

終章　政治主導を目指して

「官主導から政治主導へ」

これこそが、九〇年代初頭以降の構造改革から二〇〇九年の政権交代に至るまで、このおよそ二十年に及ぶ改革運動の共通目標であった。ところが、政治主導を目指したはずの改革運動の結果、逆説的なことに「官僚制化」が官界はもちろん、政界、財界そして学界の隅々にまで全般的に及ぶという「官僚制的支配」が完成したのであった。

それは、国家官僚が日本を意のままに支配しているといったような通俗的な意味においてではない。本書において「官僚制」とは、行政機構ではなく、特定の思考様式や行動様式のことを指している。オルテガが「大衆」という言葉を、社会の一階級ではなく、人間の存在のあり方を指すものとして用いたのと同じように、本書も「官僚制」を、行政機構に限らず、社会の至るところに観察できる存在のあり方として論じたのである。だから、職業は政治家であっても、その生き方は官僚制的であるという者もあれば、逆に、職業は国家官僚であっても、その生き方は官僚制的ではないという者もあり得る。

官僚制の本質は、ウェーバーが喝破した通り、「だれかれの区別をせずに」「計算可能な規則」に従って事務処理を遂行するところにある。「官僚制的なもの」とは、画一的であり、それゆえ効率的、迅速、グローバルであり、非政治的であり、そして非人間的である。そのような「官僚制的支配」が日本中、そして世界中を覆い尽くしているのだ。

特に深刻な問題は、政治の官僚制化である。政治が官僚制化しているならば、官僚を排除して政治家が主導する仕組みを構築したとしても、それは結局、政治主導ではなく、政治家を名乗った官僚制的人間の主導であるに過ぎない。平成日本における一連の改革は、まさにこの過ちを犯したのであった。

本書は、官僚制化によって犠牲になるのは、自由民主政治であると論じてきた。あるべき政治主導は、官僚制化した政治ではなく、自由民主政治が主導するものでなければならない。それは、政治家が官僚を意のままに動かすということではなく、政治家も官僚も、自由民主主義を尊重するということである。

では、官僚制化に対抗すべき「自由民主政治」とはいかなるものか。

オルテガによれば、「自由民主政治」とは、ひとりひとりが他人を考慮に入れ、異なる立場の者、特に少数派とともに、ある規範の下に共存する統治のことである。そして、その共存の最良のあり方とは、人々が共有する規範について「議論」することである。議論をやめて直接行動に訴えることは、自由民主政治の放棄にほかならないとオルテガは言う。

官僚制的支配は、このような自由民主政治とは対極にあるものである。自由民主政治は意見の相違や多様性に対して寛容であるが、官僚制的支配は画一化を好み、計算不可能なものを一切認めない。自由民主政治は議論を尊重するが、官僚制的支配はすでに決まった命令や規則を遂行するだけなので、議論することには何ら意義を見出さない。

自由民主政治というものは、多様性を重視し議論を尊重するものであるから、その過程は複雑で分かりにくく、また何を決めるにしても時間がかかる。誤解を恐れずに言えば、自由民主政治とは、本質的に透明ではなく効率的でもなく、そして迅速性に欠ける統治形態なのである。しかも、自由民主政治は、ある規範を共有し同じ言語で議論する人々を前提としているのだから、グローバルにもなり得ない。透明、効率的、迅速、そしてグローバルであり得るのは、「だれかれの区別をせずに」「計算可能な規則」に従って自動機械のように運営される官僚制的支配であって、自由民主政治ではない。自由民主政治は本質的にナショナルである。

政治とは複雑かつ多元的、分かりにくく曖昧なもの

農業問題を例にとってみよう。農業とは、消費者に食料を供給するためだけにあるのではない。農業は地域社会を支える基幹産業である。食料供給の確保という観点からは、国家安全保障にも関わる。田畑は、故郷の風景であり、特に水田には環境保全の役割もある。また、コメは日本文化の象徴的な存在でもある。こうした日本の農業にまつわる多元的な諸価値は、日本固有のものであって、グローバルにはなり得ない。

このように農業には、地域社会、安全保障、景観、環境、文化など、さまざまな日本固有の価値が含まれている。それにもかかわらず、農業を生産性やGDPに占める比率だけで評価したり、内外無差別の原則を適用したりするのは、価値を計量可能な形式に一元化し、すべてを画一化しようとする「官僚制的支配」の仕業にほかならない。これに対して「自由民主政治」の農業政策とは、農業の文化的意義といった数値では表現できない諸価値をも含めて多元的に考慮し、日本固有の農業の理想について議論を重ねていくことである。

こうして決まった農業政策は、さまざまな利害関係者に対する配慮や多様な意見の妥協の上に成立するものであり、それゆえに複雑かつ多元的であり、その意味では分かりにくく曖昧なものとなろう。だが、それが政治というものなのである。ロバート・スキデルスキーは、ケインズの基本姿勢は「明晰だが間違っているよりも、曖昧だが正しい方がよい」というものであったと指摘している。[*1]それは、政治主導の経済運営のモットーでもある。

アメリカのリーマン・ショック、ヨーロッパのユーロ危機、そして日本の「失われた二十年」によって、「官僚制的支配」の破綻は完全に明らかとなった。官僚制化した経済学と経済政策のために、多くの人々が苦境に陥っている。こうした中、「ケインズの復活」と言われるように、政府の裁量的な経済運営が必要となっている。今こそ、「自由民主政治」を復活させなければならないのである。それは、現実社会の多元的な価値を総合的に把握し、さまざまな利害関係者、とりわけ少数派に配慮しつつ、忍耐強く議論を続けるということである。「自由民主政治」の本質は、議論することにこそある。政治家はもちろんのこと、官僚も議論という政治活動に参加するのである。

バーナード・クリックは、政治の敵は、「人々の苦境に対する無関心」と「本質的に政治的な事項における確実性の追求」、この二つであると述べている。[*2] 政治主導に反逆するのは、政治に参加する「政治的官僚」ではない。失業や被災のような苦境から人々を救済することに無関心で、財政健全化という計算可能な確実性のみを追求する「吏員型官僚」こそが、政治の敵なのだ。

政治なるものは術なり、学にあらず

将来が不確実な中で、多元的な価値や複雑な利害がからみ合った現実社会の問題を、議論や調整を重ねることによって解決していこうとするのは至難の業である。だが、それこそが真の政治というものなのだ。ウェーバーは言う。「政治というものは、情熱と見識とを二つながら用いて、固い板に倦まずたゆまず穴をあけてゆくようなものなのである」。[*3]

政治主導の統治においては、官僚もまた、政治という困難に挑戦する「政治的官僚」でなければならない。

五五年体制を「政治的官僚」として生きた元水産庁長官の佐竹五六は、求められる官僚像について論じる中で、陸奥宗光の次の言葉を引いている。

そもそも政治なるものは術（アート）なり、学（サイエンス）にあらず。故に政治を行うの人に巧拙（スキール）の別あり。巧みに政治を行い、巧みに人心を収攬するは、すなわち実学実才ありて広く世勢に練熟する人に存し、決して白面書生机上の談の比にあらざるべし。[*4]

政治主導とは、白面書生が机上で編み出した制度や仕組みで実現するものではない。それは、政治家や官僚が政治の対立の只中に入り、議論や調整を積み重ねながら「実学実才ありて広く世勢に練熟する人」となることによってのみ、可能となるのである。

だが、官界はすでに「吏員型官僚」によって占拠されており、政界、財界そして学界も、官僚制化の病理に蝕まれている。このような絶望的な状況下で、どうやったら政治主導を実現できるというのであろうか。

そのような疑問は、確かにもっともなものである。今の筆者には、残念ながら、この疑問を解消するような能力はない。ただ、ウェーバーの次の強く美しい言葉を引くことができるだけである。

この世の中というものは、自分が世のためにささげようとおもっていることにくらべ、あまりにおろかしく低俗だと自分なりの立場から考えるようなときでも、それにくじけないで、どんなことに直面しようと「それにもかかわらず！」といえる確信のある人間、そういう人間だけが、政治を「天職」とすることができるのである。[*5]

＊1―Robert Skidelsky, 'The Relevance of Keynes,' *Cambridge Journal of Economics*, 2010, No. 22, pp. 12-13.
＊2―Bernard Click, *In Defence of Politics*, Penguin Books, 1962, pp. 160.
＊3―マックス・ウェーバー『現代社会学大系5　社会学論集――方法・宗教・政治』青木書店、一九七一年、五四〇頁。
＊4―佐竹五六『体験的官僚論――55年体制を内側からみつめて』有斐閣、一九九八年、三七一頁。
＊5―ウェーバー、五四〇―五四一頁。

著者略歴

中野剛志《なかのたけし》

一九七一年神奈川県生まれ。
東京大学教養学部教養学科卒業後、
通商産業省（現経済産業省）入省。
二〇〇〇年より英エディンバラ大学大学院に留学
（政治思想史専攻）し、優等修士号、博士号取得。
〇三年には論文"Theorising Economic Nationalism"が
イギリス民族学会Nations and Nationalism Prizeを受賞。
一〇年から一二年春まで京都大学大学院工学研究科に出向、
助教、准教授を務める。『国力論』『TPP亡国論』
『日本思想史新論』『反官反民』など著書多数。

※本書は、著者個人の見解です。

幻冬舎新書 289

官僚の反逆

二〇一二年十一月三十日 第一刷発行
二〇一二年十二月 十 日 第二刷発行

著者 中野剛志
発行人 見城 徹
編集人 志儀保博
発行所 株式会社 幻冬舎
〒一五一-〇〇五一 東京都渋谷区千駄ヶ谷四-九-七
電話 〇三-五四一一-六二一一(編集)
〇三-五四一一-六二二二(営業)
振替 〇〇一二〇-八-七六七六四三
ブックデザイン 鈴木成一デザイン室
印刷・製本所 中央精版印刷株式会社

Printed in Japan ISBN978-4-344-98290-1 C0295
な-14-1
幻冬舎ホームページアドレス http://www.gentosha.co.jp/
*この本に関するご意見・ご感想をメールでお寄せいただく場合は、comment@gentosha.co.jp まで。

幻冬舎新書

小林よしのり［編］
日本を貶めた10人の売国政治家

ワースト3位＝小泉純一郎。ならば2位、そして1位は!?　国民の財産と生命をアメリカに売り渡し、弱者を切り捨てた売国奴。こんな日本になったのは、みんなこいつらのせいだ！　凶器の言葉を投げつけよ。

宮台真司　福山哲郎
民主主義が一度もなかった国・日本

2009年8月30日の政権交代は革命だった！　長年政治を研究してきた気鋭の社会学者とマニフェスト起草に深く関わった民主党の頭脳が、革命の中身と正体について徹底討議する!!

佐伯啓思
自由と民主主義をもうやめる

日本が直面する危機は、自由と民主主義を至上価値とする進歩主義＝アメリカニズムの帰結だ。食い止めるには封印されてきた日本的価値を取り戻すしかない。真の保守思想家が語る日本の針路。

平野貞夫
平成政治20年史

20年で14人もの首相が次々に入れ替わり、国民生活は悪くなる一方。国会職員、議長秘書、参院議員として、政治と政局のすべてを知る男が書き揮う、この先10年を読み解くための平成史。

幻冬舎新書

渡辺将人
分裂するアメリカ

大統領選を前に、アメリカではティーパーティ運動や占拠デモなど、草の根運動が先鋭化している。根源にあるのは政治不信。人種や格差よりも理念の対立で分裂が深化する大国の今を、気鋭の学者が論考。

福山隆　宮本一路
2013年、中国・北朝鮮・ロシアが攻めてくる
日本国防の崩壊

世界情勢が激変する中、日本を守っていたはずの「アメリカの傘」は既にない。目前に迫る亡国の危機。自衛隊幹部として最前線でミリタリー・インテリジェンスに関わった著者が緊急提言！

六辻彰二
世界の独裁者
現代最凶の20人

世界には金正日よりも、カダフィよりも暴虐な独裁者がたくさんいる。21世紀の独裁国家の支配者20人の素顔を暴き、緊迫する現在の国際情勢を読み解く一冊。

石原慎太郎
真の指導者とは

現代社会の停滞と混迷を打開できる「真の指導者」たる者の思考、行動様式とはいったい何か。先達の叡智、言動、知られざるエピソードをもとに、具体的かつ詳細に説き明かす究極のリーダー論。

幻冬舎新書

宮台真司
日本の難点

すべての境界線があやふやで恣意的（デタラメ）な時代。「評価の物差し」をどう作るのか。人文知における最先端の枠組を総動員してそれに答える「宮台真司版・日本の論点」、満を持しての書き下ろし!!

紺谷典子
平成経済20年史

バブルの破裂から始まった平成は、世界金融の破綻で20年目の幕を下ろす。この20年間を振り返り、日本が墜落した最悪の歴史とそのただ1つの原因を解き明かし、復活へ一縷の望みをつなぐ稀有な書。

東谷暁
世界と日本経済30のデタラメ

「日本はもっと構造改革を進めるべき」「不況対策に公共投資は効かない」「増税は必要ない」等、メディアで罷り通るデタラメを緻密なデータ分析で徹底論破。真実を知ることなくして日本の再生はない！

歳川隆雄
自民と民主がなくなる日
永田町2010年

天下分け目の衆院選後、党派を超えた「政界再編」は必ず起こる。今ある党はどう割れ、どう引っ付くか？　確かなインサイド情報をもとに今後の政局を大展望！